日本語ライブラリー

韓国語と日本語

沖森卓也　曺　喜澈
[編著]

李　勇九　生越直樹
姜　英淑　金　智賢
石　賢敬　塚本秀樹
永原　歩　吉本　一
[著]

朝倉書店

編著者

沖森 卓也（おきもり たくや）	立教大学文学部	（17章）
曺 喜澈（チョ ヒチョル）	東海大学外国語教育センター	（12・16・18章）

著　者

李 勇九（イ ヨング）	立教大学文学部	（9章）
生越 直樹（おごし なおき）	東京大学大学院総合文化研究科	（7章）
姜 英淑（カン ヨンスク）	松山大学人文学部	（11・15章）
金 智賢（キム ジヒョン）	宮崎大学語学教育センター	（1・6章）
石 賢敬（ソク ヒョンギョン）	東海大学外国語教育センター	（8・10章）
塚本 秀樹（つかもと ひでき）	愛媛大学法文学部	（3・4章）
永原 歩（ながはら あゆみ）	東京女子大学現代教養学部	（2・5章）
吉本 一（よしもと はじめ）	東海大学外国語教育センター	（13・14章）

（五十音順）

はじめに

　日本語も韓国語も言語類型論においては同じく膠着語に分類され，しかも，もともと語頭に濁音およびラ行音が立たないなどという共通した特徴があります．このような性質はアルタイ諸語の系統であることを予想させますが，語彙において音韻対応の事例を列挙することができません．そのため，現段階では，両国の言語ともに言語系統論においては孤立しているという状況です．

　歴史的に見ると，中国を中心とした冊封体制が形成されていく中で，両国は政治・思想，言語・文化など多岐にわたって中国から多大な影響を受けてきました．7世紀中ごろ以前は，中国との地理的関係から，文物は朝鮮半島に渡り，さらに対馬海峡を経て日本列島にもたらされています．このような，漢字文化圏に属する両国は，その歴史的な結びつきが緊密かつ強固であり，漢字漢文の使用，漢語の借用という点でも共通しています．ただ，新羅の半島統一以降，特に8世紀後半以降日本は直接に中国から文化移入することが多くなり，両国は別個に中国の影響を受けるようになります．そして，文字の面で，朝鮮では1446年にハングル，日本では9世紀に平仮名・片仮名という独自の文字が生み出されました．

　本書は，言語の構造や運用など，さまざまな面から相互の姿を照らし合わせて，両国語の関係を凝視し熟考するために編集しました．地理的な近さのみならず歴史的な共通性，とりわけ近隣にこれほど類似する点のある言語が互いにないことを考え合わせると，科学的な見地では両国語の関係をなおざりにしておくことはできません．互いに相違する点を認識するとともに，共通もしくは類似する点をも確認することで，相互理解がより一層深められることを心から願っています．

　　2014年8月

編　著　者

目　　次

1. **代　名　詞** …………………………………………【金智賢】　1
   人称代名詞　2／指示代名詞　4／不定称　5／反照代名詞［再帰代名詞］　7／
   「こ・そ・あ・ど」「이・그・저・어느」の体系と代名詞　8

2. **活　　用** ……………………………………………【永原歩】　9
   用言の種類と品詞分類　9／活用の体系　9／韓国語の不規則活用　12／存在詞・
   指定詞の活用　13／韓国語の活用と待遇法　14／日本の韓国語教育における韓
   国語の活用　15

3. **助　　詞** ……………………………………………【塚本秀樹】　17
   助詞の種類　17／格助詞　17／取り立て助詞　23

4. **動　　詞** ……………………………………………【塚本秀樹】　26
   動詞の2分類　26／単一動詞　26／複合動詞　29

5. **形　容　詞** …………………………………………【永原歩】　35
   形容詞の形態的特徴　35／意味的特徴　37／品詞分類上注意すべき点　38／意
   味上の区分が難しい韓国語の形容詞　39／補助形容詞について　40

6. **文のモダリティ** ……………………………………【金智賢】　42
   文のモダリティについて　42／モダリティの分類　43／認識のモダリティ　43／
   行為のモダリティ　46／日本語の終助詞と「のだ」　48／韓国語の「-더」と
   「-지」　49

7. **態（ボイス）** ………………………………………【生越直樹】　51
   受身表現　51／使役表現　55

8. テンスとアスペクト……………………………………【石賢敬】 59
　　テンス 59／アスペクト 63

9. 副　　　詞………………………………………………【李勇九】 67
　　本来の副詞 67／複合副詞 72／派生副詞 73

10. 共 起 関 係……………………………………………【石賢敬】 75
　　必須的共起関係 75／随意的共起関係 75／副詞 76

11. 敬　　　語………………………………………………【姜英淑】 83
　　敬語 83／敬語の分類 83／主体敬語 84／客体敬語 87／対者敬語 89

12. 日韓同形異義語…………………………………………【曺喜澈】 91
　　韓国における漢字・漢語 91／日韓同形異義語の調べ方 92／日韓同形異義語の様相 92／日韓同形異義語リスト 95

13. 親 族 語 彙……………………………………………【吉本一】 99
　　親族語彙 99／現代日本語の親族名称 99／現代日本語の親族呼称 101／現代韓国語の親族名称 102／現代韓国語の親族呼称 104／親族呼称の虚構的用法 106／親族語彙の変遷 106

14. 類　義　語………………………………………………【吉本一】 108
　　類義語とは 108／類義関係の分類 108／等価関係 109／包摂関係 111／共通関係 112／隣接関係 113／類義語と対義語 114

15. 擬声語・擬態語…………………………………………【姜英淑】 116
　　擬声語・擬態語 116／音韻的な特徴 116／形態的な特徴 118／音韻交替と意味との関係 120

16. 韓国のことわざ・慣用句………………………………【曺喜澈】 124
　　韓国のことわざ 124／韓国の慣用句 127

17. **漢　字　音**……………………………………………………【沖森卓也】 132
　　はじめに　132／声母　132／韻母　136

18. **韓国人の身体言語**…………………………………………【曺喜澈】 143
　　韓国独自のもの　143／日本と共通のもの　144／日本独自のもの　145／日本起源のもの　146／日本と似て非なるもの　147／新しくできたもの　148

索　　引　150

1 代名詞

　日本語と韓国語において，代名詞は一般に「事物の名をいう代わりに，直接事物を指し示す語」とされる．定義からも分かるように，代名詞の本質的な特徴は「指示」の機能である．最近は，「指示詞」または「指示語」という用語で，代名詞を含むすべての指示機能を持つ語を総括することもある．ここでは，まず代名詞における日韓の共通点と相違点を述べた後，代名詞以外の指示語についても概観することにする．

　代名詞の種類は，多少見解や名称の違いはあるものの，日韓ともにおおむね表 1.1 のような分類を行うことが多い[*1]．

表 1.1　日本語と韓国語における代名詞の分類

一人称	二人称	三人称			不定称		
		近称	中称	遠称			
私 나	あなた 너, 당신	この方 이분	その方 그분	あの方 저분	どなた・だれ (어느 분)・누구	人	人称代名詞
		これ 이것	それ 그것	あれ 저것	どれ・なに (어느 것)・무엇	事物	指示代名詞
		ここ 여기	そこ 거기	あそこ 저기	どこ 어디	場所	
		こちら 이쪽	そちら 그쪽	あちら 저쪽	どちら (어느 쪽)	方向	

　代名詞は，まずその指す内容が人であるか物であるかによって人称代名詞（人代名詞）と指示代名詞に分けられる．また，人称代名詞は，指す人が話し手とどのような関係にあるかによって一人称（自称），二人称（対称），三人称（他称），不定称に分けられる[*2]．指示代名詞は，三人称と不定称がある．人称代名詞と指示代名詞の三人称は，指す対象が話し手とどれ位の距離にあるかによっ

[*1] 表のフォーマットは会田（2011）より引用．
[*2] 韓国語では自称・対称・他称という用語は一般的ではないので，以降は一人称，二人称，三人称という用語を用いる．

て近称,中称,遠称に分けられる.

　一人称,二人称,三人称は,不定称に対し「定称」と呼ばれる.これら以外に,反照代名詞または反射代名詞（韓国語では「再帰代名詞」）と呼ばれるものがある.以下では,人称代名詞,指示代名詞の定称及び不定称,反照代名詞［再帰代名詞］の順で見ていく.最後に,指示語の体系と代名詞について簡単に述べる.

1.1　人称代名詞

1.1.1　日本語と韓国語の人称代名詞

　人称代名詞（人代名詞）は,その指す内容が人の代名詞である[*3].人称代名詞には,話し手自身を指す一人称と,話し手の相手（聞き手）を指す二人称,話し手とその相手以外の人を指す三人称がある.このことは日韓で共通している.さて,日本語も韓国語も敬語や待遇表現が発達しており,人称代名詞はそれがよく現れる表現の一つと言える.例えば,相手や当該の人物が話し手より目上の場合（あるいは疎遠な場合）,話し手と対等な場合,話し手より目下の場合（あるいは親密な場合）などによって,用いられる形が異なる.ところが,日本語も韓国語も,相手が目上の人の場合,名前に職名などをつけて指し示すことが多く,これに代わる代名詞は発達していないと言える.さらに,話し手との関係が疎遠か親密かという基準は,韓国語では日本語ほど厳密ではない[*4].このことからここでは,年齢や親密さなどの具体的なものではなく,「敬意」を示すかどうかという基準によって人称代名詞を「敬意有・中間・敬意無」に分け,表1.2のように示してみることにする.

　通常話し手の相手（聞き手）が敬語を使うべき対象の場合,一人称は自分を低める「わたくし」「저」が用いられる.相手に敬意を持って呼ぶ二人称としては「あなた」「당신」があるが,日本語でも韓国語でも,これらの表現を目上の人に対しては用いにくい.韓国語の「당신」は,夫婦の間の呼称,本のタ

[*3] 「人称」という用語は人以外でも用いられるので,「人代名詞」の方が適切であるという意見がある.韓国語でも,このような認識から,過去には「人代名詞」（「인대명사」,「사람대명사」）を用いた学者もあったが（이광정 2008）,現在では「人称代名詞」が一般的である.

[*4] 敬語については,第11章を参照のこと.

イトルや広告などで不特定の人に対して用いられやすく，知らない人に対して用いると失礼な表現になることもある．このような意味で，「당신」は日本語の「あなた」と類似しているが，先生が学生に対しては用いないなど，「あなた」よりも使用範囲が狭いと言える．三人称の場合，当該の第三者が話し手より目上なら「この方・その方・あの方」「이분・그분・저분」が用いられる．これら三人称を表す代名詞は，日本語も韓国語も，連体詞の「この・その・あの」「이・그・저」に名詞の「方」「분」が付いた形で，厳密に言うと一語からなる一人称や二人称の代名詞とは性質が異なる．しかし，これらの表現が一語の代名詞のように広く用いられることから，日本語でも韓国語でも，三人称の代名詞と見ることが多いようである．

表 1.2 人称代名詞の種類

敬意の有無	言語	一人称	二人称	三人称
敬意有	日 韓	わたくし 저	(あなた) (당신, 자네, 그대)	この方 等 이분 等
中間	日 韓	わたし，ぼく 나	あなた，きみ 너, 당신, 자네, 그대	この人 等 이 사람 等
敬意無	日 韓	おれ 나	おまえ 너	こいつ 等 이놈 等

話し手の相手(聞き手)が話し手と対等な場合，一人称は「わたし・ぼく」「나」，二人称は「あなた・きみ」「너, 당신, 자네, 그대」などが用いられる．韓国語の「너」は，聞き手が対等または目下の場合に用いられる．「자네」は，「너」よりは敬意を伴っており，年配になった同輩同士で，息子の同輩に，娘の夫に，大学の先生が学生に用いられやすい．ただ，「자네」は話し手や聞き手が女性の場合は用いられにくいなど使用範囲が狭く，近年ではその使用が減っている．「그대」は，文学的な表現で詩や歌詞などによく現れる．三人称は，連体詞の「この・その・あの」「이・그・저」に名詞の「ひと」「사람」が付いた形になり，「この方」「이분」の場合と同じような問題がある．

話し手の相手（聞き手）が話し手より目下などで敬意を示さない場合，韓国語の一人称と二人称は，聞き手が対等な場合と変わらない「나〈おれ〉」「너〈おまえ〉」を用いる．三人称は，「이・그・저〈この・その・あの〉」に名詞の「놈〈やつ〉」をつけた形が代名詞として認められている．

1.1.2　その他の人称代名詞

現在日本語では一語の三人称代名詞として「彼」「彼女」という言葉が使われているが，欧文の he・she など三人称の翻訳語として誕生したものと言われる．これらは，先行文脈に出た人物を指す機能のみで，近称・中称・遠称の区別を持たない．韓国語でも同じような背景を持つ「그・그녀〈彼・彼女〉」が文語で用いられることがあるが，口語ではほとんど用いられない．さらに，最近では韓国語の特徴上，文脈指示の三人称は性別を問わず「그〈彼・彼女〉」のみで良いという意識が広まっている（서정수 2006）．

1.2　指示代名詞

指示代名詞は，その指す内容が人以外の代名詞をまとめて言う名称である．ところで，代名詞は本質的に「指示」機能を特徴としているため，この名称は適切ではないという見解がある[*5]．しかし，日本語でも韓国語でも，学校文法ではまだこのような代名詞の分類を採用しているので，ここでも便宜上それに従う．表 1.1 で見るように，指示代名詞には事物，場所，方向に関するものがある．

代名詞の本質は指示であると上述したが，特に三人称代名詞と関わる「こ・そ・あ」の表現の指示用法を「現場指示」と「文脈指示」（または「直示」と「照応」）に分けることがある．現場指示とは，話の現場で知覚している（典型的には目に見えている）実体を直接指し示すもので，表 1.1 の日韓対応表現は，基本的に現場指示におけるものである．

(1a)　<u>これ</u>は何ですか．　　　-<u>それ</u>は本です．
(1b)　<u>이것</u>은 무엇입니까?　　-<u>그것</u>은 책입니다.

例 (1) のように現場指示では，話し手に近いものは「こ」「이」系列，聞き手に近いものは「そ」「그」系列，どちらからも遠いものは「あ」「저」系列で指し示す．日本語の「そ」系列には，曖昧領域指示などと呼ばれる次のような用法があるが，韓国語の「그」にはこのような用法はなく，(2) と似たような意味を表す際は不定称の「어디〈どこか〉」が用いられやすい．

[*5]　井手 (1958)，岡村 (1972)，최현배 (1929) 等．

(2) お出かけですか？　　-ええ，ちょっとそこまで．
(3) 외출하세요?　　　　-네, 어디 좀 (가요).
〈お出かけですか？　-ええ，どこかちょっと〈行きます〉〉

文脈指示とは(4)や(5)のように，話の中（言語的文脈）の要素を指し示していう用法である．多くの場合，先行文脈に登場したものを「そ」「그」または「こ」「이」系列で承けるのは日韓共通である．

(4a) 一か月位休んでもいいですか．　　-それはだめです．
(4b) 한 달 정도 쉬어도 돼요?　　　　-그건 안 돼요.
(5a) 付き合っている人がいます．その人/この人と結婚したいのですが….
(5b) 사귀는 사람이 있어요. 그 사람/이 사람과 결혼하고 싶은데….

日本語では，記憶の中の要素を指したり，聞き手と共通に体験した要素を指したりする際に「あ」系列を用いるが，韓国語の「저〈あ〉」はそのような機能はなく，「그〈そ〉」系列が用いられる．

(6a) あの人に会いたい．
(6b) 그 사람/*저 사람 만나고 싶어.

韓国語の(6b)で「저 사람」と言うと，話の現場から離れた場所にいる人，または，すぐさっきまで現場にいた人を指し示す意味にしか取れない．

1.3 不定称

代名詞が指し示す対象が不特定な場合を不定称と呼ぶ．不定称は，疑問文に用いられる場合と不定の対象を指し示す場合がある．特に韓国語は，疑問文には用いられない不定表現がある．表1.1に示されている代名詞は，すべて疑問文に用いられる．本節では，不定表現を中心に見る．

不定称の代名詞は，助詞などの後接によって指し示し方が変わる．日本語の場合，「どれか」のように言うと，不定の対象が存在することを表し，「どれも」のように言うと，否定の表現を伴って対象の不存在を表す．「どれでも」は，任意の対象を表す．これらの表現が韓国語ではどのように表現されるかを示すと，表1.3のようになる．韓国語の代表的な不定表現は「아무」で，人物・事物・場所・方向などの表現に万遍なく用いられる．

表 1.3　韓国語の不定称代名詞

不定表現	人物	事物
存在	どなたか/だれか 어느 분/누구	どれか/なにか 어느 것/무엇
不存在	どなたも/だれも 어느 분도/아무도, 누구도	どれも/なにも 어느 것도/아무것도, 무엇도
任意	どなたでも/だれでも 어느 분이나/아무나, 누구나	どれでも/なんでも 어느 것이나/아무것이나, 무엇이나

不定表現	場所	方向
存在	どこか 어디	どちらか 어느 쪽
不存在	どこも 아무 데도, 어디도	どちらも 아무 쪽도, 어느 쪽도
任意	どこでも 아무 데나, 어디나	どちらでも 아무 쪽이나, 어느 쪽이나

日本語で不定称代名詞に「か」の付く表現は，韓国語では代名詞だけで表現する．「も」が付く表現は，韓国語でも助詞「도〈も〉」が付く表現がある．

(7a)　だれかちょっと助けて．
(7b)　누구 좀 도와줘．
(8a)　中に何もありません．
(8b)　안에 아무것도/?무엇도 없습니다．

否定文における不定表現では，疑問文に用いられる「무엇〈何〉」などが来るとやや不自然に感じられる．このような表現は，どちらかというと文学的な表現などで用いられやすい．「でも」に当たる表現は，韓国語では「(이)나」「(이)든(지)」「(이)라도」などがあり，文の意味やニュアンスによって使い分ける．

(9a)　どこでもいいから早く就職しろ．
(9b)　어디든/어디라도/아무 데든/아무 데라도 좋으니 빨리 취직해라．
(10a)　誰でもできる視力回復法．
(10b)　누구나/누구든지/아무나 할 수 있는 시력회복법．

1.4 反照代名詞［再帰代名詞］

　代名詞の中でも，反射的に先行要素を再び指し示しているものを反照代名詞（反射代名詞），韓国語では再帰代名詞と言う．日本語には「自分」が，韓国語には「자기」がこれに当たる．「自分」と「자기」は類似していながらも使い方が異なる．もっとも大きい違いは，「自分」は人称の如何を問わずに用いられるのに対し，「자기」は三人称にしか用いられないということである．

(11a)　私は，<u>自分</u>の欠点を知っている．
(11b)　나는 *자기/(나) 자신/스스로의 결점을 알고 있다.
(12a)　お前も，<u>自分</u>を反省してみろ．
(12b)　너도 *자기/(너) 자신/스스로를 반성해 봐.
(13a)　彼は，<u>自分</u>の故郷も知らない．
(13b)　그는 <u>자기</u> 고향도 모른다.

　(11) と (12) は「자기」の代わりに，それぞれ「(나) 자신〈私自身〉」および「스스로〈自分〉」，「(너) 자신〈お前自身〉」および「스스로〈自分〉」という別の名

表1.4　「こ・そ・あ・ど」と「이・그・저・어느」の体系

三人称			不定称		
近称	中称	遠称			
この方 이분	その方 그분	あの方 저분	どなた・だれ 어느 분・누구	人	代名詞
これ 이것	それ 그것	あれ 저것	どれ・なに 어느 것・무엇	事物	
ここ 여기	そこ 거기	あそこ 저기	どこ 어디	場所	
こちら/こっち 이쪽	そちら/そっち 그쪽	あちら/あっち 저쪽	どちら/どっち 어느 쪽	方向	
こんな 이런	そんな 그런	あんな 저런	どんな 어떤	形容動詞 ［形容詞］	
こう 이렇게	そう 그렇게	ああ 저렇게	どう 어떻게	副詞	
この 이	その 그	あの 저	どの 어느	連体詞 ［冠形詞］	
こ 이	そ 그	あ 저	ど 어(느)	共通点	

詞表現を使うことで「再帰」の意味を表すことができる．このような現象から，韓国語においては，どこまでを再帰代名詞と見るかに関する異論が多かった．現在では，「자기」が代表的なもので，「자신」「저」および，先行要素が尊敬の対象の場合に用いられる「당신〈ご自分・ご自身〉」を再帰代名詞と認めることが多い．

1.5 「こ・そ・あ・ど」「이・ユ・저・어느」の体系と代名詞

指示機能を持つ言葉という視角から見たときに，代名詞以外にもさまざまな指示表現が存在する．特に，一人称と二人称を除いた三人称代名詞が含まれる「こ・そ・あ・ど」の体系は，指示表現という観点からすると基本となるパターンである．韓国語の「이・ユ・저・어느」の体系を合わせて示すと表1.4のようである． [金智賢]

発展的課題

1. 日本語と韓国語では，欧米の言葉に比べて代名詞の使用頻度が低いと言われる．それはなぜだろうか．

2. 三人称の近称，中称，遠称の「こ・そ・あ」「이・ユ・저」のうち，日韓でもっとも使い方が異なるのはどれか．また，どのような用法か．

【参考文献】
井手至（1958）「代名詞」『続日本文法講座 1. 文法各論編』明治書院
岡村和江（1972）「代名詞とは何か」鈴木一彦・林巨樹編『品詞別日本文法講座　名詞・代名詞2』明治書院
会田貞夫・中野博之・中村孝弘編著（2011）『改訂新版 学校で教えてきている現代日本語の文法』右文書院
日本語教育学会編（1990）『日本語教育ハンドブック』大修館書店
이익섭（イ・イクソプ）・채완（チェ・ワン）（1999）『국어문법론 강의』學研社
이익섭（イ・イクソプ）（2005）『한국의 탐구 33 한국어 문법』서울대학교출판부
이관규（イ・グァンギュ）（2002）『개정판 학교 문법론』도서출판 월인
이광정（イ・グァンジョン）（2008）『국어문법연구 III 한국어 품사 연구』도서출판 역락
서정수（ソ・ジョンス）（2006）『국어문법』한세본
최현배（チェ・ヒョンベ）（1929）『우리말본』열여덟번째 펴냄, 정음문화사

2 活　　用

　用言の語形を変化させて異なる文法的な機能を持たせることを活用と言うが，日本語も韓国語も用言の語幹に語尾を後続させることで活用がなりたつ．日本語の活用形は，接続する語尾によって「書かない」「書けば」のように母音が変化するという形式をとる．学校文法では，例えば「書く」の語幹は「か」であり，「書く」「書け」などは語幹に活用語尾が付いた形，「書かない」「書けば」などは，語幹に活用語尾と助動詞が付いた形である．これは，学校文法では，形態素単位でなく，平仮名の単位で語幹を設定しているためであり，日本語教育などでは形態素単位で「kak-」を語幹とする方法が多く用いられている．韓国語の学校方法では，規則活用については語幹の形態は変わらず，語尾の形態を変化させることで活用する．本章では日本語と韓国語の活用体系をまず概観する．また韓国語の活用には待遇法が大きく関わっていることから待遇法と活用についても確認し，さらに日本における韓国語教育で一部採用されている「語基式」の活用についても概観する．

2.1　用言の種類と品詞分類

　韓国語と日本語では一般的な品詞分類に少し違いがある．日本語は，「動詞，形容詞，補助動詞，助動詞」において活用がなされ，その活用の形式として「未然，連用，終止，連体，仮定，命令」がある．一方，韓国語は「動詞，形容詞，存在詞，指定詞[*1]，補助動詞，補助形容詞」で活用がなされ，語尾の種類や語幹の末尾音によって活用の方法が異なる．

2.2　活用の体系

　本節では活用の種類を見ていくが，両言語の違いをわかりやすく整理するために，品詞別に見てみたい．

[*1] 韓国の学校文法では名詞に後続するという理由から「叙述格助詞」として分類されている．

2.2.1 動詞の活用

日本語も韓国語も動詞の活用体系は複雑であり，その記述方法も同一ではないため，本章ではまず日本語の学校文法での分類に基づき「未然（否定），連用，終止，連体，仮定，命令」の各形式で両言語の活用体系を見ていく．日本語の動詞は，五段活用，一段活用，カ行変格活用，サ行変格活用の4種類，韓国語は，子音語幹（읽다〈読む〉），母音語幹（가다〈行く〉，ㄹ語幹（살다〈住む〉）の3種類の活用例を提示する．

(1) 動詞の活用
① 未然（否定）
　　読ま-ない（五段）　　읽-지 않다（子音語幹）
　　見-ない（一段）　　　가-지 않다（母音語幹）
　　来-ない（カ変）　　　살-지 않다（ㄹ語幹）
　　し-ない（サ変）

② 連用
　　読み　　　　　　읽-어
　　見　　　　　　　가 (-아)*2
　　来　　　　　　　살-아
　　し

③ 終止
　　読む　　　　　　읽-는다
　　見る　　　　　　가-ㄴ다
　　来る　　　　　　사-ㄴ다
　　する

④ 連体（現在/過去）
　　読む/読ん-だ　　　읽-는/읽-은
　　見る/見-た　　　　가-는/가-ㄴ
　　来る/来-た　　　　사-는/사-ㄴ
　　する/し-た

---

*2 「가다」の連用形は「-아」という語尾が語幹「가-」に接続し，縮約した形式とみなし，「-아」をかっこで示した．

⑤　仮定
　　読め-ば　　　　　읽-으면
　　見れ-ば　　　　　가-면
　　来れ-ば　　　　　살-면
　　すれ-ば
⑥　命令
　　読め　　　　　　읽-어라
　　見ろ/見よ　　　　가-라
　　来い　　　　　　살-아라
　　しろ/せよ

2.2.2　形容詞の活用

　形容詞の活用についても動詞と同様に見ていくが，形容詞は「命令」の形では使われないため，この2種類を除いた5種類を見る[*3]．日本語は形容詞（イ形容詞）と形容動詞（ナ形容詞）[*4] を，韓国語は，子音語幹（작다〈小さい〉），母音語幹（비싸다〈高い〉），ㄹ語幹（길다〈長い〉）の活用を見ていく．なお日本語の形容詞の活用では動詞と異なり否定形は未然形ではなく連用形につくが，ここでは韓国語との対照をしやすくするため未然形の代わりに否定形を見ることにする．

(2)　形容詞の活用
①　否定
　　高く-ない（形容詞）　　　　작-지 않다（子音語幹）
　　静か-でない（形容動詞）　　비싸-지 않다（母音語幹）
　　　　　　　　　　　　　　　길-지 않다（ㄹ語幹）

[*3]　日本語の形容詞の命令形としては「-かれ」があるが，「幸多かれ」のような文語的な表現に限るものであり，「命令」というよりも「願望」に近い意味を持つことから本章では扱わない．

[*4]　伝統的な日本語文法では形容詞の活用はク活用とシク活用などがあるが，森田（2008）で「現代語では「美しい」「おいしい」などのシク活用も，活用語尾の「し」の部分を省いてしまえば「良い」「旨い」などのク活用と完全に一致してしまうので両形式を分ける意味はあまりない」としているため本章でもこの2種類の活用について区別をしないこととする．

② 連用
　高-く，高-かっ　　　　　작-아
　静か-だ，静か-で，静か-に　비싸 (-아)
　　　　　　　　　　　　길-어

③ 終止
　高-い　　　　　　　　작-다
　静か-だ　　　　　　　비싸-다
　　　　　　　　　　　길-다

④ 連体
　高-い　　　　　　　　작-은
　静か-な　　　　　　　비싸-ㄴ
　　　　　　　　　　　기-ㄴ

⑤ 仮定
　高けれ-ば　　　　　　작-으면
　静かなら-ば　　　　　비싸-면
　　　　　　　　　　　길-면

2.3　韓国語の不規則活用[*5]

　ここまで見てきたように，韓国語の活用は三つの語幹（子音・母音・ㄹ語幹）で規則的な活用がなされるが，実際にはこの規則活用以外に多くの不規則活用がある．以下に韓国語の不規則活用を簡単に紹介しておく．

表 2.1　語幹だけが変化する不規則活用

	基本形	語幹がそのまま付くもの	語幹の末尾音が母音か子音かによるもの	語幹の末尾音が陽母音か陰母音かによるもの
ㅅ不規則	짓다〈作る〉	짓-고	지-으면	지-어
ㄷ不規則[*]	듣다〈聞く〉	듣-고	들-으면	들-어
ㅂ不規則	덥다〈暑い〉	덥-고	더우-면	더우-어
르不規則	부르다〈呼ぶ〉	부르-고	부르-면	불ㄹ-어

　*　ㄷ不規則活用は動詞のみ

---

*5　「不規則活用」は「変則活用」とも言う．

表 2.2　語幹と語尾の両方が変化する不規則活用

| ㅎ不規則* | 빨갛다〈赤い〉 | 빨갛-고 | 빨가-면 | 빨개 |

＊　ㅎ不規則活用は形容詞のみ

表 2.3　語幹が変化する不規則活用

| 으不規則 | 쓰다〈書く〉 | 쓰-고 | 쓰-면 | 써 |

＊「으」については規則活用がないため「으語幹」「으脱落」と呼ばれることもある．

表 2.4　語幹は変化せず語尾だけが変化する不規則活用

| 여不規則 | 하다〈する〉 | 하-고 | 하-면 | 하-여 |
| 러不規則 | 푸르다〈青い〉 | 푸르-고 | 푸르-면 | 푸르-러 |

2.4　存在詞・指定詞の活用

いわゆる存在詞の「있다〈ある・いる〉」「없다〈ない・いない〉」はその活用が，動詞とも形容詞とも完全に一致しない．韓国の辞書には，있다は動詞・形容詞の両方として掲載されており，없다は動詞として掲載されているが，活用の面ではどちらも，動詞・形容詞両方の形態を持っている（5.3 節を参照）．

表 2.5　存在詞の活用例

	終止形	現在連体形
있다〈ある・いる〉	있다（形容詞と同じ）	있는（動詞と同じ）
없다〈ない・いない〉	없다（形容詞と同じ）	없는（動詞と同じ）

さらに指定詞の이다〈～だ〉は，韓国の学校文法では名詞に後続するというその特徴から「叙述格助詞」として分類されている．しかし活用するという側面から見ると用言の特徴を持っている．以下で이다の活用を見てみよう．

表 2.6　指定詞の活用例

	否定	連用	終止	連体	仮定	略体丁寧形
이다	이/가 아니다*6	(이)라	(이)다	인	(이)면	이에요 예요

＊6　「이다」は「-지 않다」や「안」を用いた否定形がないため，否定表現として「-이/가 아니다」が使われる．

表内の括弧は，前に来る名詞の末尾音が子音の場合，括弧内の이が入り，母音の場合は이が省略されることが多いことを示した．この部分は用言よりも格助詞に近い性質を持っていると言える．また이다は，否定形や連用形，略体丁寧形の活用も他の用言とはまったく異なっている．

2.5 韓国語の活用と待遇法

韓国語は待遇法が発達しており，その中でも対者待遇法は用言の活用と深く関わっている．六つの待遇法があり，日本語の活用では待遇法がぞんざい形と丁寧形の2種類であると言えるのに比べてかなり複雑な様相を見せている．その体系を動詞막다と形容詞작다で見てみると以下の表2.7[*7]のとおりになる．

表2.7 韓国語の待遇法による活用

	平叙文	疑問文	命令文	勧誘文
합쇼体 (上称)	막-습니다 〈塞ぎます〉 작-습니다 〈小さいです〉	막-습니까 〈塞ぎますか〉 작-습니까 〈小さいですか〉	막-으십시오 〈塞いで下さい〉	막-읍시다 〈塞ぎましょう〉
해요体 (略体丁寧体)	막-아요 〈塞ぎます〉 작-아요 〈小さいです〉	막-아요 〈塞ぎますか〉 작-아요 〈小さいです〉	막-아요 〈塞いで下さい〉	막-아요 〈塞ぎましょう〉
하오 (中称)	막-으오 작-으오	막-으오 작-으오	막-으오	막-으오
하게 (等称)	막-네 작-네	막-는가 작-은가	막-게	막-세
해体 반말体 (略体普通体)	막-아 〈塞ぐ〉 작-아 〈小さい〉	막-아 〈塞ぐか〉 작-아 〈小さいか〉	막-아 〈塞げ〉	막-아 〈塞ごう〉
해라体 (下称)	막-는다 〈塞ぐ〉 작-다 〈小さい〉	막-느냐 〈塞ぐか〉 작-으냐 〈小さいか〉	막-아라 〈塞げ〉	막-자 〈塞ごう〉

* （ ）内はそれぞれの待遇法の日本での呼び方

この表で待遇の高さは上に行くほど高く，下に行くほど低くなる．現代日本

[*7] 表2.7は，李翊燮・李相憶・蔡琬（2004）と梅田博之（1991）を参考にして作成したものである．

語との対応は합쇼体と해요体はおおむね日本語の丁寧形に，해体と해라体はぞんざい形に置き換えが可能だと思われるが，하오体と하게体についてはその中間的な位置にあり日本語に置き換える場合どちらに相当するのか判断が難しい．

2.6 日本の韓国語教育における韓国語の活用

　日本における韓国語教育では，活用の教え方として大きく二つの方法がある．いわゆる「伝統式」あるいは「本国式」と「語基式」である．日本で韓国語の活用を考えるにあたりこの問題は避けて通れないものであり，本章でも簡単にその概要を掲示する

　「伝統式」とは，韓国の学校文法などで広く採用されている方法で，本章でもこの「伝統式」に準じ活用について論じてきた．「語基式」は，一つの用言に対し，後続する語尾の形式により3種類の「語基」が設定される．つまり，語尾は固定されており，語幹のみが変化するという活用方法である．以下に伝統式と語基式の違いを提示する．

　(3)　「伝統式」「語基式」の活用比較

　①　子音語幹
　〈伝統式〉　　〈語基式〉
　　먹-고　　　먹　-고（第Ⅰ語基）
　　먹-으면　　먹으-면（第Ⅱ語基）
　　먹-어서　　먹어-서（第Ⅲ語基）
　②　母音語幹　　（内山2009）
　〈伝統式〉　　〈語基式〉
　　오-고　　　오-고（Ⅰ）
　　오-면　　　오-면（Ⅱ）
　　오-아서　　와-서（Ⅲ）
　③　ㄹ語幹　　（内山2009）
　〈伝統式〉　　〈語基式〉
　　살-고　　　살-ㄱ（Ⅰ）
　　살-면　　　살-면（Ⅱ）
　　살-아서　　살-아도（Ⅲ）

例（3）の通り，伝統式では語幹の形態は変化せず，語基式では語尾の形態が変化しない．そのため，形としては語幹＋活用語尾に一定の形の助動詞が接続する日本語の学校文法の活用に似ているとも言える．しかし実際には，語幹が三種類ずつ存在することや用語が難しいと受け止められていること，またこの方法で教える教師や教材が少ないこと，特に韓国語母語話者の教師に馴染みがないことなどから，「語基式」は日本の韓国語教育の現場でそれほど普及していないのが現状である[*8]． 　　　　　　　　　　　　　　　　　　　　[永原歩]

発展的課題

1. 本章では日本語について学校文法を中心に活用を概観したが，日本語教育で扱う活用は学校文法のそれとは少し異なっている．日本語教育と学校文法の活用，あるいは日本語教育と韓国語教育での活用を比較し整理してみよう．

2. 韓国語の活用について「伝統式」と「語基式」を比較し，その長所と短所をそれぞれ挙げてみよう．

【参考文献】
内山政春（2003）「「語基式」教科書にあらわれた文法用語」第17回朝鮮語教育研究会発表要旨
内山政春（2009）「「語基説における「語幹」と「語基」」油谷幸利先生還暦記念論文集刊行委員会『朝鮮半島のことばと社会　油谷幸利先生還暦記念論文集』，pp.429-452, 明石書店．
梅田博之（1991）『スタンダードハングル講座2 文法・語彙』大修館書店
森田良行（2002）『日本語文法の発想』ひつじ書房
山田敏弘（2004）『国語教師が知っておきたい日本語文法』くろしお出版
이익섭・이상억・채완（1997）『한국의 언어』신구문화사
［李翊燮・李相憶・蔡琬（2004）『韓国語概説』（梅田博之監修，前田真彦訳）大修館書店］

【辞書類】
『훈민정음 국어사전』（第7刷）金星出版社，2004/2009

[*8] 内山（2003）でも「「語基式」はしかし「わかりにくい」という批判がたえない」としている．

3 助　　詞

3.1 助詞の種類

「助詞」にはいくつかの種類があるが，本章では，「格助詞」と「取り立て助詞」の2種類を取り上げて解説する[*1]．

3.2 格　助　詞

「格助詞」というのは，日本語，韓国語ともに名詞の後ろに付け，その名詞と，動詞などの述語との意味的な関係を表す働きをするものであり，「単一格助詞」と「複合格助詞」の2種類がある．

3.2.1 単一格助詞

ここでは，格助詞を大きく2種類に分けたうち，「単一格助詞」の方について解説する（詳しく考察したものに朴在権（1997），油谷（2005）がある）．なお，以下では，この単一格助詞を指してただ単に「格助詞」と呼ぶことにする．

3.2.1.1 形式と種類

格助詞にどういう種類のものがあるのかを，それぞれの意味役割および日本語と韓国語の対応関係を整理して具体例とともに示すと，表3.1のようになる．

格助詞については，両言語間で多くの場合，表3.1に示された対応関係になるが，この対応関係に一致しない場合もある．ここでは，その代表的な二つの事例について述べる．

一つは，(1)に示すように，名詞を表示するのに日本語では「に」が用いられるのに対して，韓国語では「に」に対応する「에（게）」ではなく，「を」に対応する「를」が用いられる動詞がいくつかある，ということである．

[*1] 「取り立て助詞」とは，伝統的に日本語では「係助詞」や「副助詞」，韓国語では「特殊助詞」と呼ばれているものである．

表 3.1 格助詞の形式と種類[*2]

意味役割		日本語		韓国語
主体	が	子供が走る 先生がおっしゃる	가/이 께서	아이가 달리다 선생님께서 말씀하시다
対象	を	本を読む	를/을	책을 읽다
通り道の場所	を	空を飛ぶ	를/을	하늘을 날다
場所の起点	を	港を離れる	를/을	항구를 떠나다
着点・相手	に	駅に着く 弟に送る 先生に差し上げる	에 에게 한테 께	역에 도착하다 동생 {에게/한테} 보내다 선생님께 드리다
変化後の状態	に	赤に変わる	로/으로	빨강으로 변하다
共同	と	友達と遊ぶ	와/과 하고	친구 {와/하고} 놀다
手段・方法・道具	で	自転車で来る	로/으로	자전거로 오다
原因	で	準備不足で失敗する	로/으로	준비 부족으로 실패하다
動作の場所	で	図書館で勉強する	에서	도서관에서 공부하다
場所の起点	から	部屋から出て行く 同僚から受け取る	에서 (으)로부터 에게서 한테서	방 {에서/으로부터} 나가다 동료 {에게서/한테서} 받다
時の起点	から	3 時から始まる	부터	세 시부터 시작되다
変化前の状態	から	青から変わる	에서 (으)로부터	파랑 {에서/으로부터} 변하다
方向	へ	上の方へ上がる	로/으로	위쪽으로 오르다
比較の基準	より	姉より優れる	보다	언니보다 우수하다

(1)　日本語：～{に/ˣを} 従う，向かう，会う，乗る，似る……
　　　韓国語：～{ˣ에 (게)/를} 따르다, 향하다, 만나다, 타다, 닮다……

[*2]　韓国語の個々の格助詞が示されている場合の / は，母音で終わる名詞にはその左側のものが付けられ，子音で終わる名詞にはその右側のものが付けられることを意味する．なお，本文における以後の記述では，煩雑さを避けるため，左側のものだけを表記することにする．
　「에」「에서」「(으) 로부터」は《無生物》，「에게」「한테」「에게서」「한테서」は《生物》を表す名詞にしか付けることができないものである．
　「한테」と「하고」は，一般的にはそれぞれ「에게」と「와/과」に比べると，話し言葉で好んで用いられると言われている．
　「께서」と「께」は，尊敬に値することを意味する名詞にしか付けることができないものである．

もう一つは，動詞「なる/되다」の場合における変化後の状態を表す名詞についてである．変化後の状態を表す名詞は，表3.1に示したように，日本語では「に」，韓国語では「로」で表示される．(2) に示す例では名詞「医者/의사」が変化後の状態を表すので，先の例と同様に日本語では「に」を付けることができるが，韓国語では動詞「되다」の場合のみ，その名詞は「が」に対応する「가」を付けて表現しなければならない．

(2a)　医者{に/˟が}なる
(2b)　의사{˟로/가}되다

3.2.1.2　連体修飾

格助詞が付いた名詞がまた別の名詞を修飾する際，その格助詞の後に連体格助詞（日本語では「の」，韓国語では「의」）を挿入する必要があるが，注目しなければならないのは，その格助詞を残すことができるのか，またできないのか，という点である（詳細については塚本（1990, 2013）を参照のこと．また，日本語については寺村（1980）も参照のこと）．その成立状況を，具体的な例とともに示すと，表3.2のようになる．

表3.2　格助詞が付いた名詞による名詞の連体修飾[*3]

意味役割		日本語		韓国語
主体	が	母{˟が/∅}の悩み	가/이	어머니{˟가/∅}의 고민
対象	を	この洗濯機{˟を/∅}の使用	들/을	이 세탁기{˟를/∅}의 사용
着点・相手	に	世界新記録{˟に/∅/へ}の挑戦 先生{˟に/∅/へ}の質問	에 에게	세계신기록{에/˟∅}의 도전 선생님{에게/˟∅}의 질문
共同	と	英子{と/∅}の結婚	와/과	영자{와/˟∅}의 결혼
手段・方法・道具	で	自転車{で/˟∅}の通学	로/으로	자전거{로/˟∅}의 통학
原因	で	不況{で/˟∅}の失業	로/으로	불황{으로/˟∅}의 실업
動作の場所	で	公園{で/˟∅}の運動	에서	공원{에서/˟∅}의 운동
場所の起点	から	会社{から/˟∅}の帰宅	에서	회사{에서/˟∅}의 귀가
方向	へ	釜山{へ/˟∅}の出張	로/으로	부산{으로/˟∅}의 출장

まず，両言語に共通しているのは，次の点である．この名詞による名詞の連体修飾は，「が/가」と「を/를」の場合，それぞれの格助詞を残して成立する

[*3]　∅は，当該の格助詞が省かれて存在していないことを意味する．

ことができず，成立するためにはそれぞれの格助詞を消さなければならない．また，「と/와」「で/로」「で/에서」「から/에서」「へ/로」の場合に名詞による名詞の連体修飾が成立するには，「が/가」「を/를」の場合とは逆で，それぞれの格助詞は消すことができず，残さなければならない．

次に，両言語間で異なっているのは，「に/에（게）」の場合である．「에（게）」の場合は，「と/와」から「へ/로」までの場合と同様に，それぞれの格助詞を消すと，名詞による名詞の連体修飾は不可能であり，その成立のためには，それぞれの格助詞を残さなければならない．ところが一方，「に」の場合は，その「に」を消しても残しても，名詞による名詞の連体修飾は成立不可能である．認められるためには，「に」の代わりに「へ」を用いて表現するしかないが，動詞文では，「世界新記録{に/ˣへ}挑戦する」「先生{に/ˣへ}質問する」のように「へ」は用いることができず，「に」でなければならないのである．

3.2.2 複合格助詞

ここでは，格助詞を大きく2種類に分けたうち，「複合格助詞」の方について解説する（以下の詳細については塚本（2012）を参照のこと）．

表3.3 韓国語における複合格助詞の形式と種類

(ア)	〜에	{관[=關]하여/관[=關]해/관[=關]해서}〈〜に{関し/関して}；〜に{つき/ついて}〉
		{걸쳐/걸쳐서}〈〜に{かけ/かけて}；〜に{わたり/わたって}〉
		{대[=對]하여/대[=對]해/대[=對]해서}〈〜に{対し/対して}；〜に{つき/ついて}〉
		{따라/따라서}〈〜に{従い/従って}〉
		{의[=依]하여/의[=依]해/의[=依]해서}〈〜に{より/よって}〉
		있어서〈〜にあって；〜において；〜に{あたり/あたって}〉
		{즈음하여/즈음해서}〈〜に{際し/際して}；〜に{あたり/あたって}〉
		{한[=限]하여/한[=限]해/한[=限]해서}〈〜に{限り/限って}〉
(イ)	〜를/을	{비롯하여/비롯해/비롯해서}〈〜をはじめ〉
		{위시[=爲始]하여/위시[=爲始]해/위시[=爲始]해서}〈〜をはじめ〉
		{위[=爲]하여/위[=爲]해/위[=爲]해서}〈〜のために《目的》〉
		{통[=通]하여/통[=通]해/통[=通]해서}〈〜を{通じ/通じて}；〜を通して〉
(ウ)	〜로/으로	{인[=因]하여/인[=因]해/인[=因]해서}〈〜により/よって》《原因》〉
		말미암아〈〜に{より/よって}《原因》〉

3.2.2.1 形式と種類

　日本語，韓国語ともに，(3) に示すように，動詞を含んである一定のまとまった形式になっており，それ全体で格助詞に相当する働きをしていると考えられるものが存在することがわかる．こういったものが「複合格助詞」と呼ばれる．

(3)　単一連用格助詞＋動詞連用形（＋接続語尾「て/서」）

　(3) をより具体的に示すと，表3.3のようになる．（なお，先頭に立つ単一連用格助詞の違いによってさらに分類してある．すなわち，(ア) は「에」，(イ) は「를」，(ウ) は「로」でそれぞれ始まるものである．)

　以上のように，両言語ともに，複合格助詞と呼ぶことができる，形態上よく似たものが存在するわけであるが，両言語間で異なっている点も見出される．そのうちの一つは，複合格助詞の数と種類が日本語では比較的多いのに対して，韓国語では比較的少ない，ということである．また，そういったことと関連し，韓国語で日本語に直接対応する複合格助詞がないものとして，次のようなものを挙げることができる．

(4)　〜に {あたり/あたって}，〜において，〜に {つき/ついて}，〜に {つれ/つれて}，〜に {とり/とって}，〜に {わたり/わたって}，〜を {めぐり/めぐって}，〜を {もち/もって}，〜でもって，〜として

3.2.2.2 連体修飾

　複合格助詞が付いた名詞がまた別の名詞を修飾する際の表現には，両言語ともに，(A)「複合格助詞に連体格助詞（日本語では『の』，韓国語では『의』）を付加する方法」と，(B)「複合格助詞における動詞部分を連体形にする方法」の2種類がある．

(5a)　環境保護に関しての問題　　(5b)　環境保護に関する問題
(5c)　환경 보호에 관해서의 문제　　(5d)　환경 보호에 관한 문제

このように，日本語の「〜に関して」とそれに対応する韓国語の「〜에 관해서」の場合は，両言語ともに連体表現が (A)(B) のいずれも可能である．

　ところが，他の複合格助詞について見てみると，複合格助詞によっては，(A)(B) ともに成り立つとは限らないことがわかる．

(6a)　我々にとっての問題　　　　(6b)　˟我々にとる問題
(7a)　4月から5月にかけての開催　(7b)　˟4月から5月にかける開催
(7c)　△사월부터 오월에 걸쳐서의 개최　(7d)　사월부터 오월에 걸친 개최

　このように，日本語の「～にとって」と「～にかけて」の場合は，連体表現が（A）なら可能であるが，（B）なら不可能なわけである．一方，日本語の「～にかけて」に対応する韓国語の「～에 걸쳐서」の場合は，連体表現が（A）でも認められなくはないが，それよりも（B）の方が自然に受け入れられるのである．

　以上のことから，次の両言語間の相違点を指摘できる．後続する名詞に複合格助詞がかかっていく連体表現を成立させる際，日本語では，複合格助詞の中に含まれる動詞部分を連体形にした形式をとることができない複合格助詞が比較的多いのに対して，韓国語では，そういった形式をとることができる複合格助詞が比較的多いわけである．

3.2.2.3　日本語に直接対応する複合格助詞が韓国語にない場合

　韓国語で日本語に直接対応する複合格助詞がないものとして，（4）に挙げたものがあることを先に指摘した．そういった場合，韓国語ではどのように表現されるのかが考察対象になるが，ここでは，その中から「～について」と「～にとって」の二つの事例のみを取り上げて見てみることにする．

　「～について」は「つく（付く）」という動詞を含み，《内容》を表している複合格助詞であるが，韓国語では，それに相当する「붙다」という動詞を用い，「˟～에 붙어서」のように，複合格助詞として成立させることはできない．したがって，韓国語では，その《内容》を表現するためには同じく《内容》を表す別の複合格助詞である「～에 관해서」あるいは「～에 대해서」を代用する手立てを採るしかない．

(8a)　社長は社員に会社の経営方針について説明した．
(8b)　사장은 사원에게 회사의 경영 방침 {에 관해서/에 대해서} 설명했다.
　　　〈直訳：社長は社員に会社の経営方針 {に関して/˟に対して} 説明した．〉

　なお，(8)の例において両言語間のさらなる相違点が指摘できる．複合格助詞に両言語間で同じ漢字語が用いられているからと言って，意味・用法が同じ

であるとは限らない場合があり，そのうちの一つが，「〜に対して」と「〜에 대 [= 對] 해서」の場合である．「〜에 대해서」は，《対抗》や《対面》を表すときの他に，《内容》を表すときにも用いることができるのに対して，「〜に対して」はそういったことが不可能なのである．

また，「〜にとって」は「とる（取る）」という動詞を含み，《関係》を表す複合格助詞であるが，韓国語では，先に述べた「〜について」の場合と同様，それに相当する「들다」という動詞を用いた複合格助詞「ˣ〜에 들어서」は認められない．したがって，韓国語でこの《関係》の意味を表すためには，日本語の場合とは異なる表現をしなければならず，その表現としてはいくつかの種類があるが，よく見受けられるのは，単一格助詞の「에（게）」「로서」，複合格助詞の「〜에게 있어서」（これらに《話題》を表す助詞「는」（詳細は後述）が付けられることも多い）のいずれかを用いたものである（詳細については塚本（2013）を参照のこと）．

(9a)　これは我々にとって理解しがたい問題である．
(9b)　이것은 우리들 {에게/에게 있어서/로서는} 이해하기 힘든 문제다.
　　　〈直訳：これは我々 {ˣに/△にあって/としては} 理解しがたい問題である．〉
(10a)　あなたにとって幸福とは何か．
(10b)　당신 {에게/에게 있어서/ˣ으로서는} 행복이란 무엇인가.
　　　〈直訳：あなた {ˣに/△にあって/ˣとしては} 幸福とは何か．〉

このように，これらの3種類の表現すべてがどの場合にでも用いることができるとは限らないが，もっとも注目したいのは，日本語において「に」では不自然であり，どうしても「〜にとって」と言いたいところを，韓国語では日本語の「に」に対応する「에（게）」で十分に表現できることである．

3.3　取り立て助詞

取り立て助詞にもいくつかの種類があるが，ここでは，日本語の「は」とそれに対応する韓国語の「는/은」にのみ簡単に触れておきたい．これらのもっとも基本的な働きは，両言語ともに名詞の後ろに付き，「〜について言えば」といったようにその名詞を《話題》に取り上げることであるが，先に述べた格助詞のうち，特に日本語の「が」，それに対応する韓国語の「가」との働きの

違いに十分に注意する必要がある．

(11a)　友達{が/は}韓国語を勉強した．
(11b)　친구{가/는}한국말을 공부했다．

　格助詞というのは，前述したように，それが付けられた名詞と，動詞などの述語との意味的な関係を表す働きをするものであるので，格助詞「が/가」が用いられた場合は，友達が勉強するという行為の主体であることを意味するが，しかもそういったことを中立的に叙述している．それに対して，取り立て助詞「は/는」が用いられた場合は，友達について言えば，といったように《話題》に取り上げた上で，勉強するという行為をしていることを叙述している．
　こういったことから，両言語に共通する次の原則が導き出される．すなわち，会話・語りの流れにおいてある名詞をはじめて導入し，その新情報について叙述するときには，「が/가」が用いられ，その名詞がいったん導入されると，2回目以降に出て来たときには，旧情報となり，「は/는」が用いられるのである．
　ところが，(12)のような両言語間の相違点が見出され，それについては，以下のように記述・説明をすることができる（田窪 1987，2010）．

(12a)　これ{*が/は}何ですか．　　(12b)　이것{이/은}무엇입니까？

　この例では，両言語ともに，話し手が聞き手に「これ/이것」について尋ねることで，「これ/이것」が会話・語りの流れにおいてはじめて導入される名詞となっている．そのため，韓国語では，先ほど述べた原則に従い，「가」が用いられる．
　それに対して，日本語は，先ほど述べた原則に根本的には従うが，会話・語りの流れにおいてはじめて導入される名詞であっても，「これ」のように聞き手の目に見えるものや，聞き手の知識内にすでに存在するものは，旧情報と見なされるため，「が」を用いることができず，《話題》に取り上げて「は」を伴わなければならないのである．

［塚本秀樹］

発展的課題

1. 両言語間の単一格助詞に関する相違として，本章で指摘したこと以外にどういったものがあるのかを調べ，説明してみよう．
2. 両言語間の複合格助詞に関する相違として，本章で指摘したこと以外にどういったものがあるのかを調べ，説明してみよう．

【参考文献】

田窪行則（1987）「誤用分析2 神戸大学がどこですか．田中さんが誰ですか．」『日本語学』6巻5号，pp. 102-106

田窪行則（2010）『日本語の構造―推論と知識管理―』くろしお出版

塚本秀樹（1990）「名詞による名詞修飾について―日本語と朝鮮語の対照研究―」『愛媛大学法文学部論集文学科編』23号，pp. 119-131，愛媛大学法文学部

塚本秀樹（2012）『形態論と統語論の相互作用―日本語と朝鮮語の対照言語学的研究―』ひつじ書房

塚本秀樹（2013）「文法体系における複合格助詞と単一格助詞の位置づけ―日本語の複合格助詞『～にとって』とそれに対応する朝鮮語の表現をめぐって―」藤田保幸編『形式語研究論集』pp. 339-366，和泉書院

寺村秀夫（1980）「名詞修飾部の比較」國廣哲彌編『日英語比較講座 第2巻 文法』pp. 221-266，大修館書店

朴在権（1997）『現代日本語・韓国語の格助詞の比較研究』勉誠社

油谷幸利（2005）『日韓対照言語学入門』白帝社

4 動詞

4.1 動詞の2分類

　動詞は，日本語，韓国語ともに，形態的な側面から大きく「単一動詞」と「複合動詞」の2種類に分けることができ，本章では，そのそれぞれについて解説する．

4.2 単 一 動 詞

　「単一動詞」というのは，文字どおり，動詞が一つのみで成り立っているもののことであるが，以下では，その単一動詞を指してただ単に「動詞」と呼び，二つの要点について見る．

日本語

動詞語幹	ボイス	アスペクト	(丁寧)	肯否	テンス	対事的モダリティ	対人的モダリティ
作	られ	てい		なかっ	た	よう	ですよ

命題 / モダリティ

韓国語

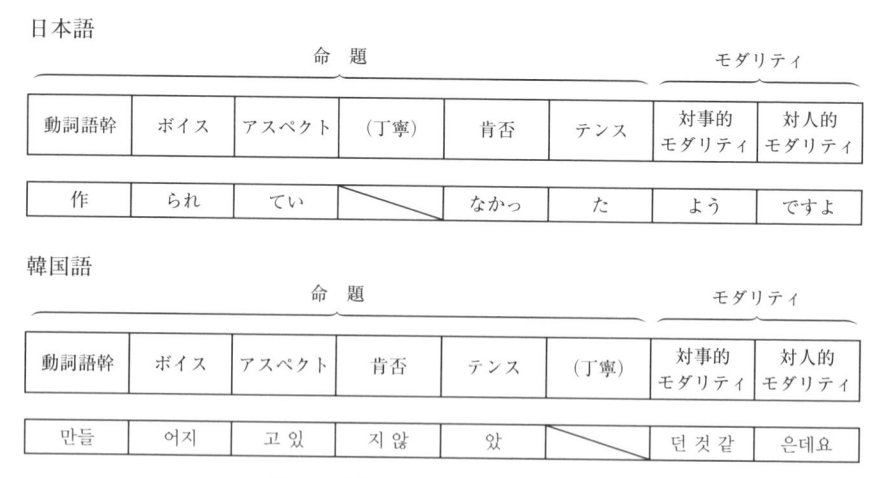

動詞語幹	ボイス	アスペクト	肯否	テンス	(丁寧)	対事的モダリティ	対人的モダリティ
만들	어지	고 있	지 않	았		던 것 같	은데요

命題 / モダリティ

図 4.1　動詞にかかわる文法カテゴリー[*1]

*1　両言語ともに「丁寧」に（　）が付いているのは，モダリティ内で丁寧さが表現された場合には命題内で丁寧さが表現されないため，そういったことを意味する．

4.2.1 動詞にかかわる文法カテゴリー

両言語において動詞の語幹の後ろにどういった要素が付き，どういった様態になっているのかを，具体例とともに示すと，図 4.1 のとおりである（日本語については仁田 (2009)，日本語記述文法研究会 (2010)，庵 (2012) を，韓国語については野間 (1997, 2012) をそれぞれ参照のこと）．

いくつかの文法的意味を一つにまとめた共通する文法的意味のことを「文法カテゴリー」と言い，動詞の語幹の後ろに示された「ボイス」から「対人的モダリティ」までの項目がそれに該当する[*2]．また，「動詞語幹」から「テンス」（日本語の場合）/「丁寧」（韓国語の場合）までの項目をひっくるめて「命題」と言う．この「命題」は，事柄について客観的に表現している部分であり，「モダリティ」は，事柄についてや聞き手に対して主観的に表現している部分である．

両言語に共通して，客観的な表現である「命題」が先に来て，主観的な表現である「モダリティ」が後に来る．また，命題の中を見ても，「ボイス」と「アスペクト」の順序は両言語で同じである．

ところが，両言語間で異なる点も指摘でき，もっとも大きな違いは，「肯否」と「丁寧」がかかわる順序である（油谷 (2005) も参照のこと）．まず，「肯否」と「丁寧」の二つが含まれた次の例を見てみよう．

(1a) 読みません　　(1b) 읽지 않습니다

このように，日本語では，丁寧ー肯否の順になるのに対して，韓国語では，肯否ー丁寧の順になる．

また，「肯否」「丁寧」の二つに「テンス」も加えた次の例を見てみよう．

(2a) 読みませんでした　　　(2b) 읽지 않았습니다

このように，日本語では，丁寧ー肯否ーテンスの順になり，テンスが肯否の後ろに来る．それに対して，韓国語では，肯否ーテンスー丁寧の順になり，テンスが肯否と丁寧の間に入る．

なお，日本語では，今指摘した順序の表現が標準的な型であるが，興味深い

[*2] 「ボイス」「アスペクト」「テンス」「モダリティ」については，それぞれ 6・7・8 章が設けられ，解説されているので，詳しくはその各章を参照されたい．

ことに，次に示すとおり，肯否―丁寧，肯否―テンス―丁寧といった韓国語と同じ順序をとる非典型的な型も見られ，この型が近年，徐々に広まり，定着しつつある．

(3)　△読まないです．
(4)　△読まなかったです．

4.2.2　動詞の使い分け

語がどういう場合に用いることができるかといった使い分けが両言語間で一致しないことがある．ここでは，動詞の代表的な事例として，衣類等を身につける行為を表す動詞を取り上げる（油谷（2005）も参照のこと）．

表 4.1　衣類等を身につける行為を表す動詞の使い分け

身体部位	日本語	韓国語
頭部	（帽子を）かぶる	（모자를）쓰다
上半身	（シャツを）着る	（셔츠를）입다
下半身（腰まで）	（ズボンを）は（穿）く	（바지를）입다
下半身（尻下まで）	（靴を）は（履）く	（구두를）신다
その他	（めがねを）かける；する （マフラーを）巻く；する （ネクタイを）締める；する （ベルトを）締める；する （手袋を）はめる；する （指輪を）はめる；する （ネックレスを）つける；する （イヤリングを）つける；する	（안경을）쓰다；끼다；×하다 （목도리를）두르다；하다 （넥타이를）매다；하다 （허리띠를）매다；하다 （장갑을）끼다；×하다 （반지를）끼다；×하다 （목걸이를）걸다；하다 （귀걸이를）달다；하다

基本的には，日本語では「かぶる」「着る」「は（穿／履）く」，韓国語では「쓰다」「입다」「신다」といった動詞が用いられる．このように，両言語ともに，衣類等を身体のどの部分につけるのかによって動詞が使い分けられており，その使い分けが3区分であることも両言語に共通している．ところが，頭部の場合の「かぶる」と「쓰다」は，状況がほぼ同じであるものの，頭部を除外した2区分の境界が両言語間で異なる．すなわち，日本語では，腰が境界となり，それよりも上位の場合には「着る」，下位の場合には「は（穿／履）く」が用いられるのに対して，韓国語では，尻の真下が境界となり，それよりも上位の場合に

は「입다」，下位の場合には「신다」が用いられるのである．

また，上記の基本的な3区分以外の場合には，両言語ともに「締める/매다」「はめる/끼다」などのそれぞれの動詞が用いられる．さらに，日本語では，基本的な3区分以外の場合のすべてにわたって「する」を用いることもできる．それに対して，韓国語でも日本語と同様に「하다」を用いることができる場合が多いが，すべてにわたって可能なわけではない．

4.3 複合動詞

日本語にも韓国語にも，連用形の動詞にまた別の動詞が後続してひとまとまりをなしている形式が存在する．その代表的な例として，表4.2のようなものが挙げられ，こういったものが「複合動詞」と呼ばれる（以下の詳細については塚本（2012）を参照のこと）．

表4.2 複合動詞の代表例

日本語	泣き叫ぶ，飲み歩く，たたき壊す，押し上げる，積み残す，追い付く，押し込む，降り出す，消えかかる，読み返す，食べ過ぎる，助け合う，書き直す，買い損なう，取り囲む，振り向く，取り組む，……
韓国語	돌아다니다〈歩き回る〉，일어서다〈立ち上がる〉，뛰어들다〈飛び込む；駆け込む〉，찔러죽이다〈刺し殺す〉，받아들이다〈受け入れる；取り入れる〉，갈아타다〈乗り換える〉，지켜보다〈見守る；見届ける〉，……

このように，両言語における複合動詞は，形態的な側面では非常によく似ているが，両言語間で異なるところもある．以下では，主な相違点を指摘する[3]．

4.3.1 自立性に関する違い

複合動詞を，それが構成される前項・後項の自立性から見た場合，(5) に示す四つのタイプの存在が想定される（寺村1984）[4]．

---

[3] 複合動詞を構成する二つの動詞のうち，先行するものを「前項（動詞）」，後続するものを「後項（動詞）」とそれぞれ呼ぶことにする．

[4] 「自立語」というのは，単独で用いることができる要素のことであり，「付属語」というのは，単独では用いることができず，何か別の要素に付くことによって用いることができるようになる要素のことである．

(5a)　自立語＋自立語　　(5b)　自立語＋付属語
(5c)　付属語＋自立語　　(5d)　付属語＋付属語

日本語では，この四つのタイプいずれについても複合動詞が実在するが（寺村1984），(5b) のように後項が自立性を失った複合動詞が (6) のとおり比較的多い．

(6)　～出す，～かける，～かかる，～込む，～上がる，～上げる，～立てる，～立つ，～つける，～つく，～返す，～返る，～回す，～過ぎる，～合う，～通す，～抜く，～切る，～尽くす，～直す，～損なう，～うる，……

こういったことが一つの要因で，日本語における複合動詞全体の数と種類が豊富となる．
　ところが一方，韓国語は，後項が自立性を失った複合動詞が非常に少ない．すなわち，(5b) のタイプに該当する (6) のような複合動詞は，韓国語ではほとんど見られないのである．こういったことが，韓国語における複合動詞全体の数と種類が限られる一要因となっている．

4.3.2　前項動詞における言語現象の生起可能性の違い

　日本語の複合動詞について見ると，(7a) に示されるように，複合動詞を構成している前項を対象として使役や受身などの言語現象が生ずることができないものと，(7b) に示されるように，そういったことが認められるものがある．このように，日本語における複合動詞は，言語現象の生起可能性の違いから2種類に大別できることがわかり，そういった性質上，前者が「語彙的複合動詞」，後者が「統語的複合動詞」と呼ばれる（影山 (1993) など）．

(7a)　*歩かせ回る，*投げられ入れる，……
(7b)　歩かせ始める，投げられ続ける，……

前者は，例えば次のようなものである．

(8)　泣き叫ぶ，飲み歩く，たたき壊す，押し上げる，積み残す，追い付く，押し込む，取り囲む，振り向く，取り組む，……

また，後者の例としては，後項動詞で整理して列挙すると，次のようなものがある（影山 1993）．

(9) 《始動》〜かける，〜だす，〜始める；《継続》〜まくる，〜続ける；《完了》〜終える，〜終わる，〜尽くす，〜きる，〜通す，〜抜く；《未遂》〜そこなう，〜損じる，〜そびれる，〜かねる，〜遅れる，〜忘れる，〜残す，〜誤る，〜あぐねる；《過剰行為》〜過ぎる；《再試行》〜直す；《習慣》〜つける，〜慣れる，〜飽きる；《相互行為》〜合う；《可能》〜得る

それに対して，韓国語では，前項を対象に言語現象が生ずることができない複合動詞（日本語における（7a）のようなもの）が圧倒的大多数であり，そういったことが可能な複合動詞（日本語における（7b）のようなもの）は非常に少なく，限られている．

4.3.3 統語的複合動詞の成立可能性の違い

日本語で統語的複合動詞を用いて表現することができる場合に，韓国語では複合動詞として成立することが認められない．日本語では，例えば「終わる」「続ける」「始める」という動詞は次のように複合動詞として成立し，用いることができる．

(10a) ベルが鳴り終わった． (10b) 友達が本を読み続けた．
(10c) 桜の花が咲き始めた．

一方，(10) の日本語を韓国語で表現したものが次の（11）である．

(11a) 종 소리가 끝났다.〈直訳：鐘（の）音が終わった.〉
(11b) 친구가 책을 계속 읽었다.
　　　〈直訳：友達が本を継続（＝続けて）読んだ.〉
(11c) 벚꽃이 피기 시작했다.
　　　〈直訳：桜（の）花が咲くこと（を）始めた.〉

このように，韓国語では複合動詞として成立しないため，それぞれ別の形式を用いて表現された様態となっているわけである．

4.3.4　後項が副詞的な意味を表す複合動詞の成立可能性の違い

　日本語では，後項が副詞的な意味を表す複合動詞を数多く見出すことができるのに対して，韓国語では，そういった複合動詞はなくはないが，非常に限られている．したがって，日本語でこういった複合動詞を用いて表現された意味は，韓国語では複合動詞以外の形式を用いて表現されることになる．

(12a)　友達は書類を出し間違えた．
(12b)　친구는 서류를 잘못 내었다. 〈直訳：友達は書類を間違って出した．〉
(13a)　太郎と次郎が殴り合った．
(13b)　다로하고 지로가 서로 때렸다. 〈直訳：太郎と次郎が互いに殴った．〉
(14a)　師匠は弟子に芸を教え込んだ．
(14b)　선생님은 제자에게 기술을 {잘/세심히} 가르쳤다.
　　　〈直訳：師匠は弟子に芸をしっかりと教えた．〉

韓国語では，日本語の「出し間違える」「殴り合う」「教え込む」に相当する複合動詞は成り立たない．受け入れられる韓国語になるためには，日本語の場合の前項に当たる「내다〈出す〉」「때리다〈殴る〉」「가르치다〈教える〉」が単一動詞として用いられ，日本語の場合の後項に当たる「間違える」「合う」「込む」が有する意味内容は，「잘못〈誤って：間違って〉」「서로〈互いに〉」「잘/세심히〈よく：十分に/細心に：注意深く〉」といった副詞で表現される（生越（1984）でも同様の指摘がある）．

4.3.5　韓国語の統語的複合動詞とそれに対応する日本語の表現

　韓国語における統語的複合動詞が，日本語においては本章で定義している複合動詞である「動詞連用形＋動詞」という形式ではなく，「動詞連用形＋接続語尾『て』＋動詞」という形式に対応して表現される．後項で整理して例示すると，表4.3のとおりである．

表 4.3 韓国語の統語的複合動詞とそれに対応する日本語の表現

部類	日本語	韓国語
アスペクト	〜ている	〜 있다〈いる：ある〉
	〜ていらっしゃる	〜 계시다〈いらっしゃる〉
	〜てしまう	〜 버리다〈捨てる〉
	〜ていく	〜 가다〈行く〉
	〜てくる	〜 오다〈来る〉
	(例) 学生が椅子に座っている.	(例) 학생이 의자에 앉아 있다.
もくろみ	〜ておく	〜 놓다/두다〈置く〉
	〜てみる	〜 보다〈見る〉
	(例) パーティーのためにお菓子をたくさん作っておいた.	(例) 파티를 위해서 과자를 많이 만들어 놓았다.
やりもらい	〜てやる：〜てくれる	〜 주다〈やる：くれる〉
	〜て差し上げる	〜 드리다〈差し上げる〉
	(例) 息子におもちゃを買ってやった.	(例) 아들에게 장난감을 사 주었다.

4.3.6 前項と後項が両言語で逆の順序になっている複合動詞

両言語ともに複合動詞としては成立するが，前項と後項が両言語でちょうど逆の順序になっている複合動詞が存在する（詳細については塚本（2013）を参照のこと）．

(15a) 学生は d を b に書き直した． (15b) 학생은 d 를 b 로 고쳐 썼다.
(16a) チョルスは半袖から長袖に着替えた．
(16b) 철수는 반소매에서 긴 소매로 {바꾸어 입었다/갈아입었다}.
(17a) ヨンヒは母の話を聞き流した．
(17b) 영희는 어머니의 얘기를 흘려들었다.

このように，日本語の複合動詞「書き直す」「着替える」「聞き流す」は，「書く」「着る」「聞く」が前に，「直す」「替える」「流す」が後ろにそれぞれ置かれているが，韓国語の複合動詞「고쳐 쓰다」「바꾸어 입다/갈아입다」「흘려듣다」は，日本語の場合とは順序が逆で，「고치다〈直す〉」「바꾸다/갈다〈替える〉」「흘리다〈流す〉」が前に，「쓰다〈書く〉」「입다〈着る〉」「듣다〈聞く〉」が後ろにそれぞれ置かれているのである．

［塚本秀樹］

発展的課題

1. 両言語間の動詞の使い分けに関する相違として，本章で指摘した事例以外にどういったものがあるのかを調べ，説明してみよう．

2. 両言語間の複合動詞に関する相違として，本章で指摘したこと以外にどういったものがあるのかを調べ，説明してみよう．

【参考文献】

庵功雄（2012）『新しい日本語学入門―ことばのしくみを考える―〈第2版〉』スリーエーネットワーク

生越直樹（1984）「日本語複合動詞後項と朝鮮語副詞・副詞的な語句との関係―日本語副詞指導の問題点―」『日本語教育』52号，pp. 55-64

塚本秀樹（2012）『形態論と統語論の相互作用―日本語と朝鮮語の対照言語学的研究―』ひつじ書房

塚本秀樹（2013）「日本語と朝鮮語における複合動詞としての成立・不成立とその様相―新影山説に基づく考察―」影山太郎編『複合動詞研究の最先端―謎の解明に向けて―』pp. 301-329，ひつじ書房

寺村秀夫（1984）『日本語のシンタクスと意味 第Ⅱ巻』くろしお出版

仁田義雄（2009）『仁田義雄日本語文法著作選 第1巻 日本語の文法カテゴリをめぐって』ひつじ書房

日本語記述文法研究会編（2010）『現代日本語文法1 第1部総論 第2部形態論』くろしお出版

野間秀樹（1997）「朝鮮語の文の構造について」国立国語研究所編『日本語と外国語との対照研究Ⅳ 日本語と朝鮮語 下巻 研究論文編』pp. 103-138，くろしお出版

野間秀樹（2012）「文の階層構造」野間秀樹編『韓国語教育論講座 第2巻』pp. 235-282，くろしお出版

油谷幸利（2005）『日韓対照言語学入門』白帝社

5 形容詞

　形容詞とは，物事の性質や状態を表す品詞である．日本語と韓国語の形容詞は，動詞との形態的区別において大きな違いがある．日本語の形容詞は，イ，ダで終わるという特徴を持っており，ウ段音で終わる動詞の基本形との形態的弁別が容易であるのに対し，韓国語の形容詞は，少なくとも基本形においては動詞との形態的弁別が不可能である．形態的に弁別するためには，終止形や連体形などの活用形の違いを見る必要がある．また，動詞・形容詞は意味上から大部分において区別が可能だが，一部の語では区別が難しい場合や同じような意味を表していても日本語と韓国語で品詞が異なる場合もある．本章ではこれらの点を中心に日本語と韓国語の形容詞について概観する．

5.1　形容詞の形態的特徴

　日本語でも韓国語でも形容詞は，物事の属性や形状，話し手の感情を表すという点で意味的にはほぼ一致するだろう．そのため本節ではまず両言語の形容詞の形態的な特徴について見ていく．

　日本語の形容詞は，基本形が「-イ」「-ダ」で終わるという形態的特徴を持っている．日本語の動詞の基本形が「ウ段」音で終わるため，仮に意味がわからなかったとしても基本形を見ただけで，動詞と形容詞の区別が容易であることはすでに述べたとおりである．この点は韓国語と大きく異なる．日本語では「熱い」のように連体形が「〜い」となるものを形容詞とし，「きれいな」のように「〜な」となるものを形容動詞として区別しているが，日本語教育においては，前者を「イ形容詞」，後者を「ナ形容詞」として，形容詞の下位分類の一つとしている．意味的には形容動詞を形容詞に含めても問題なく，韓国語ではこのような品詞区分がないため，本章では日本語の形容動詞も形容詞に含めて考えることとする．以下の例（1）(2) は日本語の形容詞の例である．

　(1)　あの人は背が<u>高い</u>．（形容詞/イ形容詞）
　(2)　この部屋は<u>静かだ</u>．（形容動詞/ナ形容詞）

日本語の形容詞はいわゆる学校文法での活用は以下の表5.1の通りであり，動詞とは異なっている．

表5.1 日本語の形容詞の活用

	未然	連用	連用 (過去)	終止	連体	仮定	命令
形容詞	高かろ	高く	高かっ	高い	高い	高けれ	(高かれ)
形容動詞	静かだろ	静かで 静かに	静かだっ	静かだ	静かな	静かなら	

一方，韓国語の形容詞は，その基本形などにおいて動詞と形態的違いがないことをすでに冒頭で言及したが，その具体例を表5.2の子音語幹[*1]の例で見てみよう．

表5.2 韓国語の動詞・形容詞の活用（丁寧体）

	動詞	形容詞
基本形	먹다〈食べる〉	높다〈高い〉
平叙（叙述）形（합쇼体）	먹습니다〈食べます〉	높습니다〈高いです〉
疑問形（합쇼体）	먹습니까〈食べますか〉	높습니까〈高いですか〉

表5.2で示した通り，韓国語の動詞と形容詞は基本形が「語幹＋다」，丁寧体（합쇼体）が「語幹＋습니다/습니까」という活用形態をとり，少なくとも表5.2で示したような形からは動詞・形容詞間での形態的違いは見いだせない．

韓国語の活用は第2章で示したように，動詞も形容詞も語尾の種類と語幹の末尾音に従ってなされ，そのほとんどが動詞と形容詞で一致する．韓国語の動詞と形容詞が形態的な違いを見せるのは，終止形（한다体），連体形，詠嘆形などごく一部の活用に限られており，故にその違いが動詞と形容詞を形態的に区分する1つの基準となっている．

表5.3 韓国語の動詞・形容詞の活用における違い

	動詞	形容詞
終止形（한다体）	먹는다〈食べる〉	높다〈高い〉
連体形（現在）	먹는〈食べる〉	높은〈高い〉
詠嘆形	먹는군요〈食べるのだなあ〉	높군요〈高いなあ〉

[*1] 韓国語の用言は，語幹末が母音で終わる母音語幹と，語幹末が子音で終わる子音語幹に分けられる．

表 5.3 で，形容詞の終止形は基本形と同形となるが，動詞は語尾「-는다（母音語幹の場合は「-ㄴ다」）」がつく．連体形や詠嘆形でもそれぞれ形容詞とは語尾が異なる[*2]．このように日本語の形容詞はその基本形を見ただけで形態的に動詞との区別が容易であるのに対し，韓国語の場合は一部の活用形を除いては形態的な側面だけで動詞と形容詞の区別ができない．

5.2 意味的特徴

日本語も韓国語も形容詞は一般的にその表す意味によって「属性形容詞」と「感情形容詞」に大きく分けることができる．前者は人やものの性質などを表し，後者は感情や感覚を表す．

(3a) この部屋は寒い
(3b) 이 방은 춥다.
(4a) （私は）故郷が懐かしい.
(4b) （나는）고향이 그립다.

上の例で，例 (3) は属性形容詞，例 (4) は感情形容詞である．感情形容詞は主観的な感情や感覚を表すため，主体は一人称で表されるのが普通であるが，属性形容詞では一人称はつかない．また感情形容詞をそのまま叙述形で用いる場合には，以下の例 (6) のように主語に二人称や三人称が来ることはできない．これも日本語・韓国語で共通している．ただし例 (6) のような文は小説の地の文のような場合に限り可能である．(7) は日本語では助動詞「〜そう」が，韓国語では補助動詞「-아/어 보다」がつくことにより三人称を用いることが可能になっている例である．

(5a) 私は悲しい.
(5b) 나는 슬프다.
(6a) ?山田さんは悲しい.
(6b) ?야마다 씨는 슬프다.
(7a) 山田さんは寂しそうだ.
(7b) 야마다 씨는 슬퍼 보인다.

[*2] 形容詞の活用について詳しくは第 2 章「活用」を参照されたい．

さらに人の感情や感覚を引き起こすものの属性が問題とされる場合には，以下の例（8）のように「感情形容詞」が「属性形容詞」として用いられることもある．

(8a)　猛獣は恐ろしい（益岡・田窪 1992）
(8b)　맹수는 무섭다.

5.3　品詞分類上注意すべき点

形容詞の意味は，日本語と韓国語で特に大きな違いがないことはすでに見たとおりだが，品詞分類上では似た意味を持ちながら品詞が異なる場合がある．

日本の韓国語教育では，一般的に「있다〈ある，いる〉」や「없다〈ない，いない〉」を「存在詞」という品詞に分類する．これらは日本語ではそれぞれ動詞と形容詞であり，韓国で出版されている辞書でも，있다は動詞と形容詞，없다は形容詞として掲載されている[*3]．ちなみに日本の韓国語教育においては通常，「맛있다/맛없다〈おいしい・まずい〉」や「재미있다/재미없다〈面白い・面白くない〉」なども「있다/없다」が含まれることから存在詞として分類されるが，韓国ではこれらは形容詞に含まれる．韓国語教育においてこれらをわざわざ「存在詞」としている理由としては，「있다/없다」が活用する上で一般的な韓国語の動詞や形容詞とは異なる振る舞いを見せるためである．「있다/없다」の活用例と動詞・形容詞との比較は以下の表 5.4 のとおりである．

表 5.4　있다/없다と動詞・形容詞の活用の比較

基本形	있다	없다	形容詞 적다	動詞 먹다
終止形	있다	없다	적다	먹는다
現在連体形	있는	없는	적은	먹는

上の表から，終止形では形容詞と同じ活用形を，現在連体形では子音語幹の動詞と同じ活用形を持っていることがわかる．

[*3]　남기심・고영근（1993）に「이른바 존재사（いわゆる存在詞）」という記載があるが，この品詞名はそれほど一般的ではなく学校文法では使われていない．

5.4 意味上の区分が難しい韓国語の形容詞

前述のとおり韓国語の動詞と形容詞は，その基本形の形態に違いがないため，意味だけでは品詞の区分も難しいものがいくつかある．

例えば，「다르다〈異なる/違う〉」は韓国語では形容詞に分類されるが，日本語では自動詞である．また，「모자라다〈足りない〉」は小学館の『朝鮮語辞典』では自動詞であり，「形容詞的にも活用する」とされているが，東亜『새국어사전（新国語辞典）』では自動詞とだけ記載されている．日本語では「足りる」という自動詞の否定形である．

(9) 논이 좀 모자란데요.〈お金が少し足りないのですが〉（朝鮮語辞典）

また，韓国語の形容詞に「-아/어 하다」をつけることにより，形容詞を動詞に変えることができる．

(10) 좋다〈良い〉　　→좋아하다〈好む〉
　　 싫다〈嫌だ〉　　→싫어하다〈嫌う〉
　　 기쁘다〈嬉しい〉→기뻐하다〈喜ぶ/嬉しがる〉

この「-아/어 하다」は日本語の接尾辞「〜がる」と似た役割を持っていると言えるが，「좋아하다」「싫어하다」に関しては「〜がる」と訳すことはできず，それぞれ「好む」「嫌う」という他動詞で表すことになる．しかし，以下の例のように日本語の「好きだ」に相当する表現としてこの「좋아하다」を用いる場面が多く見られる．

(11) 나는 하나코를 좋아한다.〈(直訳) 私は花子を好む.〉
　　 私は花子が好きだ．

この例 (11) のように動詞「좋아하다」が日本語の「好きだ」に意味的に対応し得るため，日本語を母語とする韓国語学習者にとっては間違いやすい表現の一つとなっている．もともと「好きだ」「嫌いだ」という形容詞は感情形容詞でありながら，積極的な心の動きを表すという意味で少し動詞に近いと言えるのかもしれない[*4]．これについて吉川 (1989) では「最も基本的な感情であ

[*4] 実際に日本語の「好きだ」が形容詞でありながら，話し言葉などで「彼女は太郎を好きなの」のように助詞「を」を取るなど，動詞的な振舞いを見せることがある．

る好き嫌いを表すことばが，いわゆる感情形容詞の振舞いをしないのだから，ことばというものは面白い．つまり三人称主語で言え，「〜がる」という形がないのである」として，好き嫌いを表す形容詞の特殊性を示している．

5.5 補助形容詞について

　韓国語には動詞・形容詞の後ろについて文法的意味を加える「補助形容詞」がある．本動詞とは直接意味的な関連はないが，その意味上，あるいは活用形態上，形容詞としての機能を果たす．補助形容詞の種類については，以下の通りである．

　(12)　韓国語の補助形容詞（남기심・고영근1993）
　　①　希望　　-싶다〈-たい〉
　　②　否定　　-지 않다〈-ない〉　-지 못하다〈できない〉
　　③　推測　　- ㄴ가/는가/나 보다〈-のようだ〉
　　　　　　　　- 는가 / 나 / 을까 싶다〈-のようだ〉
　　④　状態　　-어 있다〈ている〉　-어 계시다〈ていらっしゃる〉
　　⑤　是認　　-기는 하다〈-はする〉

このうち 싶다 や 보다 は，先行する用言に関係なく，形容詞と同じように活用する．

　(13a)　냉면이 먹고 싶은데 없네.
　(13b)　冷麺が食べたいのにないなあ.
　(14a)　철수는 많이 피곤한가 보다.
　(14b)　チョルスはとても疲れたみたいだ.

しかし，않다 や 하다 は，先行する用言が動詞か形容詞かによって活用形が異なる．

　(15a)　오늘은 춥지 않다/않은데. （形容詞）
　(15b)　今日は寒くない/寒くないが.
　(16a)　여기에 아무도 앉지 않는다/않는데. （動詞）
　(16b)　ここに誰も座っていない/座っていないが.
　(17a)　집이 크기는 하다/한데. （形容詞）

(17b)　家が大きいことは大きい/大きいが.
(18a)　약을 먹기는 한다/하는데. （動詞）
(18b)　薬を飲んではいる/飲んではいるが. （국립국어원 2005）

日本語の場合は，形容詞や形容動詞の連体形について打ち消しを表す「ない」などが補助形容詞に当たる．これは打ち消しの助動詞とは異なり，間に助詞を挟むことができるなどの特徴を持っている．また「〜て」につく「ほしい」も補助形容詞とされている（森田 2008）．

(19)　彼の意見も悪くはない．（森田 2008）
(20)　彼に会ってほしい．

[永原歩]

発展的課題

1. 本章では日本語と韓国語の形容詞の語彙的な側面を中心に扱ったが，構文的な違いはあるだろうか．あるとしたらどのような違いがあるのか，例を提示してみよう．

2. 韓国語の形容詞には「漢字語＋하다」の形式のものがあり，日本語の「漢字語＋だ」という形容動詞に相当する意味を持っている．このような語にはどのようなものがあるか，リストを作り比べてみよう．

【参考文献】
益岡隆志・田窪行則（1992）『基礎日本語文法―改訂版―』くろしお出版
森田良行（2008）『動詞・形容詞・副詞の辞典』東京堂出版
吉川武時（1989）『日本語文法入門』アルク
국립국어원（2005）『외국인을 위한 한국어 문법 1-체계 편』커뮤니케이션북스
남기심 고영근（1993）『표준국어문법론』탑출판사

【辞書類】
『朝鮮語辞典』（第9刷）小学館，1993/1999
『새국어사전』東亜出版社，1989/2003

6 文のモダリティ

6.1 文のモダリティについて

　文のモダリティとは一般に，文の内容（命題）に対する話し手の態度を指す．話し手の態度を表す文中の形式はさまざまである．例えば，「雨が降る」という命題を，「たぶん雨が降る」と表現したとすると，「たぶん」という副詞は，「雨が降る」という事柄を話し手が「推量」していることを表している．もし，「雨が降るだろう」と表現したとすれば，「だろう」という文末の形式が同じ意を表すことになる．命題に対する話し手の態度だけでなく，聞き手に対する話し手の態度を表す部分，所謂疑問，命令，誘い掛けなどを表す部分までモダリティとして扱うこともある．モダリティを「文の述べ方」という広い意味で捉えると，モダリティを表す形式は文のタイプや終助詞，文体（「です」「ます」），さらにイントネーションなど非言語的な要素まで包括することになる[*1]．

　以上のようなモダリティのすべてを見ることは不可能なので，本章では，モダリティの主軸とも言える文末の形式を中心に，日本語と韓国語の文がどのように話し手の態度を表すかを概観することにする．モダリティを表す文末形式を記述するには，一つ一つの言語形式の意味や用法を具体的に記述していく方法と，モダリティ的意味を下位分類した後，それぞれの意味に属する言語形式を当てはめていく方法がある．ここでは本書の性格上，後者を採りつつ，日本語または韓国語独特の言語形式は別途の節を設けて見ていくことにする．

[*1] モダリティは，テンスやボイス等他の文法範疇に比べ，その概念や研究対象が確立しているとは言えない．言語構造のまったく異なる欧米語から日本語や韓国語にその概念を適用する過程で，日本語や韓国語独自のモダリティ研究へとさまざまに発展してきているのである．韓国語では一般に，モダリティを「양태（様態）」と言い，特に様態を表す用言の活用形を「서법（叙法）」と言う．本書の性格上，本章ではモダリティそのものに関する議論は避け，6.2節の分類による日韓の文末形式の対照に焦点を当てる．

6.2 モダリティの分類

モダリティの分類の仕方もさまざまである．ここでは，日本語と韓国語の類似点と相違点がもっともよく示せると思われる分類法を採用する．まず，モダリティを「認識のモダリティ（epistemic modality）」と「行為のモダリティ（deontic modality）」に大別し[*2]，それぞれ下位分類を行う．

(1) 認識のモダリティ：「知らせる（inform）」ことが本質のモダリティ．
    確言・断定，推量・伝聞など．
(2) 行為のモダリティ：「行為する（act）」ことが本質のモダリティ．
    当為・選択，意志・勧誘，命令・依頼など．

以下では，それぞれのカテゴリにおいて，日本語と韓国語ではどのようなモダリティ形式を有するのか少し詳しく見ていく．

6.3 認識のモダリティ

日本語と韓国語で，認識のモダリティを表す文末形式を大まかに示してみると表6.1のようになる[*3]．

表6.1 認識のモダリティを表す日本語と韓国語の形式

モダリティ	日本語	韓国語
確言・断定	用言の基本形（「る」形），「た」形，終助詞	動詞の「ㄴ다」形，形容詞等の基本形，過去形，「-아/어/여」形，-구나，-네
推量・伝聞	だろう，らしい，はずだ，そうだ，ようだ，みたいだ，かもしれない，に違いない… という，ということだ等	-겠-，-더-，-었-，-을 것이다，것 같다，듯하다，지도 모른다，-을걸，-을라… -지，-대，-내，-래，-재 等

[*2] このような二分法は，モダリティの伝統的な議論より生まれ，適用における多少の違いはあるものの，日本語と韓国語においてもおおむね共通するものである．これらを狭義に解釈し，感情モダリティ（emotive modality），証拠モダリティ（evidentiality）等を加えることもあるが，ここでは説明の便宜上，認識と行為を広い意味で解釈しひとまずモダリティを二分しておく．

[*3] 丁寧さ等文体を表す部分はできるだけ除外している．なお，韓国語の形式において，ハイフンが前後に付いているのは「先語末語尾」を，前だけに付いているのは「語末語尾」を意味する．

6.3.1 確言・断定

話し手の判断（意見，描写，知識など）を表すときは，日本語では動詞の「る」形，形容詞の「い」形，形容動詞・判定詞の「だ」形，「た」形が用いられる．韓国語では，動詞の基本形が実際の言語生活で使われることはほとんどなく，断定を表す場合は「ㄴ다」形になる[*4]．形容詞や存在詞，指定詞（名詞文）は基本形のまま用いられる．

(3a) 彼は毎日買い物に<u>行く</u>．
(3b) 그는 매일 장을 보러 <u>간다</u>．
(4a) 僕の祖父は医者<u>だった</u>．
(4b) 내 조부는 의사<u>였다</u>．

6.3.2 推量・伝聞

話し手は確かではない事柄を推量して述べることがあるが，その推量の程度や性格によってさまざまなモダリティが存在する．

(5a) 明日は晴れる<u>だろう</u>．
(5b) 내일은 맑<u>겠</u>다/맑<u>겠</u>지．

平叙文における「だろう」は発話時点における話し手の推量（断定保留）を表すとされる．韓国語でこれにもっとも近いモダリティを持つのは推量の「-겠-」である．ただ，「-겠-」は先語末語尾であるため語末語尾にさまざまな形式が付くことができる．(5b)の「-지」は「-겠-」にもっともよく後接する語尾の一つである．

(6a) 部長は出張に行った<u>らしい</u>/<u>ようだ</u>/<u>みたいだ</u>．
(6b) 부장은 출장 간 <u>것 같다</u>/간 <u>듯하다</u>/<u>갔나 보다</u>．

日本語の「らしい」と「ようだ」「みたいだ」は，証拠のある推定を表すとされるが，韓国語では「것 같다」「듯하다」「-은가/는가/나 보다」などがこれに当たる．なお，'간 것 같다' '간 듯하다' が '갔을 것 같다' '갔을 듯하다'

[*4] 動詞の基本形（辞書形）は，「노리코, 서울에 가다！（のりこ，ソウルへ行く！）」のように，タイトル等特殊なニュアンスを表すために用いられることがある．

6.3 認識のモダリティ

に比べ，より根拠の強い推定に感じられる．

(7a)   彼は来る<u>に違いない</u>/来る<u>はずだ</u>．
(7b)   그는 꼭 <u>올 것이다</u>．
(8a)   母は来ない<u>かもしれない</u>．
(8b)   엄마는 안 <u>올지도 모른다</u>．

(7) のような，話し手の強い思い込みを表す文は，韓国語では推量を表す「-을 것이다」という複合表現に，「꼭, 반드시, 틀림없이」（きっと，必ず，間違いなく）などの副詞を共起させるのが一般的である．「-이 틀림없다(에 違いない)」という語彙的な表現も用いられないことはないが，やや文語的で使用も限られている．(8) は，疑問を表す部分に「追加」などを表す助詞が付き，さらに「無知」を表す動詞が続く複合表現が不確かさを表している点で，日韓共通である．(7) や (8) の推量表現は，「に違いないだろう」「かもしれないだろう」「-지도 모르겠다」などのように，「だろう」や「-겠-」がさらに後接することができる*5．

(9a)   雨が降り<u>そうだ</u>．
(9b)   비가 <u>오겠다</u>/비가 <u>올 것 같다</u>．

近未来の出来事への推量を表す際は，「-지」の付かない「-겠-」の表現や，「-을 것 같다」が用いられる．「そうだ」は「そうだった」のように過去形が可能だが，「*-겠었-」は非文法的で，「것 같았다」は可能である．

韓国語の語末語尾「-을걸」は，話し手が命題に対して不確かさはあるが 5 割以上の確信を持っていることを表す．「-을라」は，望まない事態への警戒心を表すもので，「-겠다」に言い換えることができる．

(10)   동생네는 벌써 출발했을걸．
       〈弟たちはもう出発していると思うけど/出発しているんじゃない？〉
(11)   이러다 <u>늦을라</u>/<u>늦겠다</u>. 빨리 가자．
       〈こんなことしていると遅れるぞ．早く行こう．〉

伝聞のモダリティは，他から聞いて得た知識を自分の判断を加えずそのまま

---

*5 韓国語の「꼭 올 것이다」は「*꼭 올 것이겠다」とは言えず，「꼭 오겠지」等になる．

伝えるものである．日本語は，「そうだ」「という」「ということだ」「とのことだ」などがある．韓国語は，伝えられる内容の文タイプによって「-대」(平叙文)「-내」(疑問文)「-래」(命令文，指定詞文の平叙文)「-재」(勧誘文) という語末語尾の他，「다고/냐고/라고/자고 하다」という引用助詞「고（と）」を用いた表現がある．

- (12a) この道路は事故が多い<u>そうだ</u>．
- (12b) 이 도로는 사고가 많<u>대</u>．
- (13a) 弟が，明日先生も行かれるんですか<u>って</u>．
- (13b) 동생이 내일 선생님도 오시내<u>요</u>．
- (14a) 課長は欠席する<u>とのことだ</u>．
- (14b) 과장은 결석한<u>다고 한다</u> (결석한<u>단다</u>)．

6.4 行為のモダリティ

行為のモダリティを表す文末形式は，表6.2のようなものが代表的である．行為のモダリティ形式は，語彙的で複合的な表現が多く，多様である．

表6.2 行為のモダリティを表す日本語と韓国語の形式

モダリティ	日本語	韓国語
当為・選択	べきだ，ものだ，ことだ，のだ／のではない，なければならない，なくてはいけない，せざるをえない ほうがいい，てもいい，ばよかった等	-어야 하다，-어야 되다，-지 않으면 안 되다，-어서는 안 되다，것이다/것이 아니다 것이 좋다/ 낫다，편이 좋다/낫다，-어도 되다，-을걸 등
意志・勧誘	基本形，意志形 (う／まい)，つもりだ，意志形+「と思う」 意志形+「か」	-겠-，-을게，-을래，-(으) 마 -을 것이다，-려고 하다，-자 -을까，「-아/어/여」形
命令・依頼 (禁止)	命令形，連用形+「なさい」，「て」形，基本形，基本形+「こと」，「た」形 てくれる類，てもらう類等 (禁止) 基本形+「な」	命令形，-(으) 려무나/(으) 렴，「-아/어/여」形，-지，意志連体形+「것」等 -어 주다類等 (禁止)-지 마/마라/말라

6.4.1 当為・選択

当為・選択は，ある事態が望ましいとか，必要だという事態の当否を述べるものである．所謂義務を表すものは，日本語では，動詞の基本形に付く「べきだ」類と，「なければならない」類が代表的である．韓国語では，「-아/어/여야 하

다/되다」類と，日本語と同じ構成の「-지 않으면 안 되다」類があるが，接続表現の「-아/어/여야」の単独使用を含め，前者の方がよく用いられる．

(15a) 明日は早く出発しなければならない/出発しないといけない．
(15b) 내일은 빨리 출발해야 한다/출발해야 된다．

相対的にその事態が望ましいという表現も，このモダリティに属する．

(16a) 少しでも食べた方がいい．
(16b) 조금이라도 먹는 게/ 편이 낫다．

「ほうがいい」の前に「る」形も「た」形も来る日本語と違い，韓国語は「것이/편이 좋다/낫다」の前には現在連体形のみが来る．なお，当為・選択のモダリティ表現は，文脈によって「忠告」「勧誘」「命令」「禁止」などの効果を持つ．これは日韓共通である．

過去に行った選択に対する後悔を表すものは「ばよかった」「-을걸」がある．

(17a) あの日の授業に出ればよかった．
(17b) 그날 수업에 들어갈걸．

6.4.2 意志・勧誘

意志・勧誘のモダリティは，話し手の意志を表すだけのものと，意志を表すことで聞き手を誘うものがある．話し手の意志を表す際は，日本語では断定と同じく動詞の基本形やデスマス形を用いるが，韓国語では「-겠-」を用いる．さらに，意志を表す「つもりだ」などの表現があるが，韓国語にも同じように表現の広がりがある．

(18a) じゃ，わたしは先に行く/行きます．
(18b) 그럼 난 먼저 갈게/가겠습니다．
(19a) 週末に帰ってくるつもりだ/帰ってこようと思う．
(19b) 주말에 돌아올 거야 (생각이야)/돌아오려고 해．

所謂勧誘形は，独り言のように用いられる場合と，聞き手を誘う場合がある．韓国語の「-자」は，日本語の「う」と同じく，話し手の意志の表現と勧誘形

の両方に用いられるが，「-자」以外にもさまざまな語尾で話し手の意志が表現される．

(20a)　よし，今回は絶対合格してみせよう．
(20b)　좋아, 이번에는 꼭 합격해 보이자/보여야지/보이겠어.
(21a)　みんな，あの電車に乗ろう．
(21b)　애들아, 저 전철을 타자.

6.4.3　命令・依頼

聞き手に動作を要求するためのモダリティは，話し手や聞き手の立場や置かれた状況などによって実に多様な形式がある．日韓ともに，命令形と呼ばれるものは，話し手が聞き手の上に立ち，状況などを考慮しない言い方になりやすい．実際の会話では，補助用言や疑問形などを伴った複合表現が多い．

(22a)　静かにしろ/しなさい/してください/してもらえませんか/……
(22b)　조용히 해라/해/하세요/해 주세요/해 주시겠어요?/……

ある動作をしないように要求する禁止の表現は，日本語では，否定と命令・依頼（「てください」）の表現が結合したものと，動詞基本形に「な」を付ける表現があるが，韓国語では禁止の表現にのみ用いられる「-지 말다」がある．

(23a)　入らないでください/入るな．
(23b)　들어가지 마세요/들어가지 마.

6.5　日本語の終助詞と「のだ」

日本語の終助詞は，詠嘆・確認（「な」「ね」），注意喚起（「よ」），その他のさまざまな認識（「ぞ」「わ」「とも」）を表す．終助詞がない韓国語では，これらの表現は多様な語尾の現れ方およびイントネーションなど別の要素をもって表す．

(24a)　今日も暑いな/暑いね．でも，頑張るぞ．
(24b)　오늘도 덥구나/덥네. 그래도 힘내야지.
(25a)　ちょっと，ハンカチが落ちましたよ．
(25b)　저기요, 손수건이 떨어졌는데요.

日本語の「のだ」文は，ある状況の背後にある事情を説明するような意味を表す場合によく使われるが，同じく文を名詞化する韓国語の「것이다」と「のだ」は対応する場合としない場合がある．(26)のように結末を強調する場合は対応するが，(27)のような理由の説明などの場合は対応しないとされる．

(26a)　ドアを開けると，知らない人が立っていたんだ．それで……．
(26b)　문을 열었더니 모르는 사람이 서 있는 거야. 그래서……．
(27a)　明日は来ないよ．用事があるんだ．
(27b)　내일은 안 와. 볼일이 *있는 거야/있어/있거든.

6.6　韓国語の「-더」と「-지」

　日本語に直しにくい韓国語のモダリティの中には，回想・報告・新たな知覚などを表す「-더」がある．「-더」は，過去に話し手が直接知覚・経験したことを，改めて認知したこととして発話時に伝えている，という認識のモダリティを表す．このような独特なモダリティ意味の故に，主語に一人称が現れにくい，独り言では用いないなどの制約を有する．

(28)　세종대왕이 한글을 *만드시더라/만드셨다.　　cf. 만드셨다더라
　　　〈世宗大王がハングルを作っていたよ/作った〉
(29)　미국의 수도는 워싱턴이더라.
　　　〈アメリカの首都はワシントンだったよ（この前までは知らなかった）〉

　(28)の「만드시더라」は，話し手がその作っているところを見ていないと言えない．「만드셨다더라」のように引用標識が入ると，世宗大王がハングルを作ったと人が言っているところを聞いた，という意になるので，「-더」は使える．
　韓国語の終結語尾の「-지」は，認識のモダリティ（既知）と行為のモダリティ（提案）の両方を表し，特有の意味特徴の故に全ての文型に現れる．

(30)　아빠는 회사 갔지?　　-응, 회사 갔지. (당연히)
　　　〈パパは会社に行ったろ？　-うん，会社に行ったよ（当然）〉
(31)　이번 일은 {내가 하지/우리가 하지/네가 하지}.
　　　〈今回の仕事は{僕がやるよ/私たちがやろうよ/お前がやれよ}〉

(30) の質問は，パパが会社に行ったと知った上でそのことを確認しているニュアンスがある．応答文の「회사 갔지」は，「あなたも知っているように（会社に行った）」という意がある．(31) では「지」が，命題を提案するという話し手の意志を表すことで，多様な文型にまたがっていることが分かる．

[金智賢]

発展的課題

1. 韓国語の「-겠-」「-더-」，日本語の「のだ」や終助詞など，互いに直訳できないモダリティ表現はどのように理解すべきであろうか．
2. モダリティと文型（文のタイプ）はどのような関係にあるだろうか．

【参考文献】
大鹿薫久（2004）「モダリティを文法史的に見る」尾上圭介編『朝倉日本語講座6 文法II』朝倉書店
加藤重宏（2006）『日本語文法入門ハンドブック』研究社
清水孝司（2012）「日本語の「のだ」と韓国語の「것이다」の対照研究―状況との関連づけの有無がもたらす表現の差―」『言語文化学研究（言語情報編）』大阪府立大学人間社会学部言語文化学科紀要
田野村忠温（2004）「現代語のモダリティ」尾上圭介編『朝倉日本語講座6 文法II』朝倉書店
仁田義雄・益岡隆志編（1989）『日本語のモダリティ』くろしお出版
益岡隆志・田窪行則（1992）『基礎日本語文法―改訂版―』くろしお出版
宮崎和人・安達太郎・野田春美・高梨信乃（2002）『モダリティ』くろしお出版
森山卓郎（2000）『ここからはじまる日本語文法』ひつじ書房
山岡政紀（2000）『日本語研究叢書13 日本語の述語と文法機能』くろしお出版
이익섭（イ・イクソプ）（2005）『한국의 탐구 33 한국어 문법』서울대학교출판부
이관규（イ・グァンギュ）（2002）『개정판 학교 문법론』도서출판 월인
서정수（ソ・ジョンス）（2006）『국어문법』한세본
남기심（ナム・ギシム）・고영근（コ・ヨングン）（1993）『표준국어문법론 개정판』탑출판사
박재연（パク・ジェヨン）（2006）『한국어 양태 어미 연구』國語學會
박진호（パク・ジノ）・박병선（パク・ビョンソン）（1999）「서법의 정의 및 한국어 서법의 체계화」제19차 한국어학회 전국학술대회 발표요지
박진호（パク・ジノ）（2011）「시제, 상, 양태」國語學 第60輯，국어학회
박병선（パク・ビョンソン）（2000）「현대 한국어 양태 표현의 변천」『현대 한국어 형성과 변천 2』도서출판 박이정
민현식（ミン・ヒョンシク）（1999）『국어문법연구』도서출판 역락

7 態（ボイス）

7.1 受身表現

7.1.1 受身の形

　ここでは態（ボイス）に関わる表現として，受身（受動）表現と使役表現について述べる．まず，受身表現から見てみよう．日本語と韓国語で受身を表す形式は以下の通りである．

［日本語］
・動詞未然形＋助動詞れる／られる

　（1）　殴る→殴られる，　　食べる→食べられる

［韓国語］
1) 一般動詞
① 　動詞語幹＋接辞 -이-, -히-, -리-, -기- など　　→接辞形

　（2）　쫓다〈追う〉→쫓기다〈追われる〉, 물다〈咬む〉→물리다〈咬まれる〉, 먹다〈食べる〉→먹히다〈食べられる〉

② 　動詞語幹＋語尾 -아/어/여＋補助動詞 지다　　→지다 形

　（3）　만들다〈作る〉→만들어지다〈作られる〉

2) 하다 動詞（漢字語（固有語）＋接尾辞 -하다）
① 　漢字語（固有語）＋接尾辞 -되다　　→되다 形

　（4）　발견하다〈発見する〉→발견되다〈発見される〉

② 　漢字語（固有語）＋接尾辞 -받다　　→받다 形

　（5）　소개하다〈紹介する〉→소개받다〈紹介される〉

③　漢字語（固有語）+接尾辞 -당하다　　→당하다 形

(6)　무시하다〈無視する〉→무시당하다〈無視される〉

　日本語の受身形が「れる/られる」の形だけなのに対し，韓国語ではさまざまな受身形がある．通常の動詞である一般動詞の場合，接辞形は生産的な形ではなく，限定された動詞だけが取り得る．そのため，接辞形は辞書の見出し語になるなど，独立した単語とみなされる傾向がある．これに対し，지다 形は生産的な形で，接辞形のない一般動詞はこの形を取る[*1]．次の 하다 動詞は，日本語サ変動詞と似た形で，발견〈発見〉などの漢字語あるいは사랑〈愛〉などの一部の固有語に 하다〈する〉が付いて動詞となったものである．하다 動詞には되다 形, 받다 形, 당하다 形の三つの受身形があり，動詞によって取りうる形に違いがある．되다 形は多くの 하다 動詞が取りうる形であるのに対し，받다 形は主として人と人の間で行われる行為の場合，당하다 形はありがたくない行為を受ける場合に使われ，取り得る動詞は限定されている．

　以上のように，韓国語には受身形が多くあり，動詞によって取り得る形が異なる．さらに，日本と異なる点は，韓国語の受身形が自動詞としても使われる点である．

(7)　닫다〈閉める〉→닫히다〈閉まる，閉められる〉
　　　듣다〈聞く〉　→들리다〈聞こえる〉

　日本語では受身形と自動詞は形態的に区別されているが，韓国語では (7) の닫히다 のように，同じ形が自動にも受身にもなりうるし，(8) の 들리다 のように，自動詞としての意味しか持たない場合もある．つまり，韓国語の受身形は，正確に言えば自動・受身形と呼ぶべき性格を持っているのである．

7.1.2　受身形の使われ方

　次に，両言語の受身形の使われ方について見ていこう．受身表現は，その構文的な特徴から直接受身と間接受身に分けられる．次の (8) が直接受身，(9) (10)が間接受身の例である．文頭の？はその文が不自然な文であることを示す．

[*1]　接辞形がある動詞も 지다 形を取り得るが，その場合の 지다 形は自動あるいは自発の意味になることが多い．

(8a)　カエルが　ヘビに　食べ**られ**た．　←(8a)′　ヘビがカエルを食べた．
(8b)　개구리가 뱀에게 먹**히**었다*²．　←(8b)′　뱀이 개구리를 먹었다．
(9a)　母親が　子供に　泣か**れ**た．　←(9a)′　子供が 泣いた．
(9b)　?어머니가 아이에게 울**리**었다．　←(9b)′　아이가 울었다．
(10a)　ユリは　弟に　ケーキを　食べ**られ**た．
　←(10a)′　弟がユリのケーキを食べた．
(10b)　유리는 동생에게 케이크를 먹**히**었다．
　←(10b)′　동생이 유리의 케이크를 먹었다．

　日本語では(8a)(9a)(10a)の受身文がいずれも言えるのに，韓国語では(8b)の受身文だけが可能で，(9b)(10b)は言えない．(8)の文は，元の能動文(8)′の目的語「カエル」が受身文の主語になっている．このような文を直接受身と言い，直接受身文は日本語・韓国語ともに可能である．これに対し，(9)の主語「母親」は元の能動文(9)′にはない要素であり，「泣く」という動詞は自動詞である．(10)の主語「ユリ」は，元の能動文(10)′では目的語の修飾語であり，目的語「ケーキ」は受身文でもそのまま残っている．このように目的語以外の要素が受身文の主語になる場合を間接受身という．(9)(10)のような間接受身文は，日本語では言えるが韓国語では言えないのである．
　しかし，韓国語でも(11)のような文は使用可能である．

(11a)　ユリは　蚊に　腕を　刺**さ**れた．
　←(11a)′　蚊がユリの腕を刺した．
(11b)　유리는 모기에게 팔을 물**리**었다．
　←(11b)′　모기가 유리의 팔을 물었다．

　(10)(11)の場合，能動文の「ユリのケーキ」「ユリの腕」の部分は「[所有者]の[所有物]」という関係になっており，受身文ではその所有者の語句だけが主語になっている．このような特徴を持つ間接受身文を日本語では「持ち主の受身」と言う．同じ持ち主の受身なのに，(10)は韓国語で言えず，(11)は言えるのである．このような日本語と韓国語の違いについて，鷲尾(1997)は「関与受動」と「排除受動」というとらえ方で説明している．

---

*2 먹히었다 の部分は，通常 먹혔다 という縮約形が使われる．本章では能動形と比較しやすくするために，縮約されない形で示す．以下，他の例文も同様である．

(12a) チョルスが ヨンヒに 髪を 切ら**れ**た.
(12b) 철수가 영희에게 머리를 깎였다 (깎**이**었다). (鷲尾 (1997 一部改))

(12) は鷲尾 (1997) で示されている例で，(12a) の日本語は，①ヨンヒがチョルスの髪を切ったという解釈だけでなく，②チョルスはヨンヒの長い髪が好きだったのに，ヨンヒに勝手に髪を切られてしまい，がっかりしている，という解釈も可能である．一方，(12b) の韓国語では①の解釈のみ可能で，②の解釈はできない．①の場合は，切られたのがチョルスの髪であるから，主語であるチョルス自身が出来事に関与している（関与受動）．これに対し，②の場合は，ヨンヒが自分の髪を切ったのであるから，チョルスは出来事自体には関与していない（排除受動）．このことから，鷲尾 (1997) は，日本語では「関与受動」「排除受動」のどちらも可能であるが，韓国語では「関与受動」だけが可能であるとする．さらに，直接受身は「関与受動」，自動詞の受身は「排除受動」であるから，「関与受動」「排除受動」という区別で日韓の差を統一的に説明できるとしている．

7.1.3 受身と能動の選択

両言語の異同を考えるときには，さらに能動・受身の選択という点も検討する必要がある．たとえば，次のような例がある．

(電車から降りたとき，一緒にいた友達に話す)
(13a) (私が) 電車の中で 足 踏ま**れ**た.
(13b) (내가) 전철 안에서 발 밟혔어 (밟**히**었어).
(上と同じ状況で)
(14a) 電車の中で 誰かが 私の足 踏んだ.
(14b) 전철 안에서 누가 내 발 밟았어.

(13) の受身文，(14) の能動文ともに，述べている出来事は同じであり，日本語・韓国語ともに，(13)(14) どちらも使用可能である．ただし，日本語の場合，通常 (13a) の受身文を使い，(14a) の能動文はあまり使わない．一方，韓国語では，この状況なら能動文 (14b) を使うという韓国語母語話者も多くいる．つまり，能動文でも受身文でも言えるとき，どちらの表現を選択するか，という点で日本語と韓国語には差が見られるのである．

このような違いが生じる背景として，金慶珠（2001）は談話構成の違いを指摘している．金慶珠（2001）は，両言語の母語話者に漫画を見せ，そのストーリーを書かせた．その文章を分析した結果，日本語母語話者は特定人物の視点から談話を構成しており，そのため受身表現が多く使われていること，一方，韓国語母語話者では動作主体中心の談話構成になっており，日本語ほど受身表現は使用されていないことを指摘している．受身表現の使用頻度の違いを談話構成だけで説明可能かどうかは，さらに検討の余地があるが，両言語の違いを説明するには談話レベルでの分析を行う必要があろう．

7.2　使役表現

7.2.1　使役の形
次に使役表現について，見ていこう．まず，日本語と韓国語の使役形を示す．

［日本語］
・動詞未然形＋助動詞せる/させる

　（15）　行く→行か<u>せる</u>，　食べる→食べ<u>させる</u>

［韓国語］
1）一般動詞
①　動詞語幹＋接辞 -이-, -히-, -리-, -기- など　　→接辞形

　（16）　앉다〈座る〉→앉<u>히</u>다〈座らせる〉，울다〈泣く〉→울<u>리</u>다〈泣かせる〉
　　　　먹다〈食べる〉→먹<u>이</u>다〈食べさせる〉

②　動詞語幹＋語尾 -게＋補助動詞 하다　　→게 하다 形

　（17）　기다리다〈待つ〉→기다리<u>게 하다</u>〈待たせる〉

2）하다 動詞（漢字語（固有語）＋接尾辞 -하다）
①　漢字語（固有語）＋接尾辞 -시키다　　→시키다 形

　（18）　운전하다〈運転する〉→운전<u>시키다</u>〈運転させる〉

②　하다 動詞語幹＋語尾 -게＋補助動詞 하다　　→게 하다 形

(19) 연습하다〈練習する〉→ 연습하게 하다〈練習させる〉

使役形も受身形と同様, 日本語が「せる/させる」の形だけであるのに対し, 韓国語にはいくつかの形がある. 接辞形は一般動詞だけ, 시키다 形は 하다 動詞だけが取り得る形であり, 게 하다 形は一般動詞, 하다 動詞のどちらも可能である. 接辞形は, 受身形の場合と同様, 限られた動詞だけが持つ形であり, 生産性がない. 먹히다〈食べられる〉と 먹이다〈食べさせる〉のように, 接辞形でも受身の形と使役の形が異なる場合もあるが, 쓰이다〈使われる, 使わせる〉のように, 受身と使役の形が同じ場合も多くある. 一方, 시키다 形と 게 하다 形は生産性があり, さまざまな動詞が取り得る形である. したがって, 接辞形がある一般動詞も 게 하다 形を取り得るし, 多くの 하다 動詞は 시키다 形と 게 하다 形の二つの使役形を取り得る.

また, 接辞形は次の例のように他動詞として使われることもある. さらに, 動詞だけでなく形容詞にも接辞形があり, その場合は他動詞として使われる.

(20) 끓다〈沸く〉→ 끓이다〈沸かす〉, 맡다〈引き受ける〉→ 맡기다〈任せる〉
(21) 넓다〈広い〉→ 넓히다〈広げる〉, 좁다〈狭い〉→ 좁히다〈狭める〉など

受身形が自動・受身形と呼ぶべき形であったように, 使役の接辞形も, 正確には他動・使役形と呼ぶべき形であろう. 日本語の使役形と他動詞は形態的に区別できるが, 韓国語では, 日本語ほど明確に区別することはできない.

7.2.2 使役形の使われ方

次に, 使役形の使われ方について見ていこう. 前節で, 一つの動詞が二つの使役形を取り得ると述べた. たとえば, 一般動詞では次のような例がある.

(22a) お母さんが 子供に ご飯を 食べさせた.
(22b) 어머니가 아이에게 밥을 {먹이었다/먹게 하였다}.

韓国語では (22) のように接辞形と 게 하다 形のどちらも使うことができる. 一方, 日本語では「食べさせる」としか言えない. 二つの使役形の使い方の違いについては, Shibatani (1973), 生越 (1980) などで分析されている. それらの研究では, 主体から相手・対象への働きかけに重点が置かれるときは接辞

形，시키다 形が使われ，相手が行う行為に重点が置かれる場合には，게 하다 形が使われることが指摘されている．通常日本語では，形態的にこのような区別はできないが，特定の動詞では区別していることもある．

(23a)　お母さんが 子供に 服を {着せた/着させた}.
(23b)　어머니가 아이에게 옷을 {입히었다/입게 하였다}.

(23)では，日本語でも「着せる」「着させる」という二つの表現ができる．他動詞「着せる」の場合は主体「お母さん」の行為に重点が置かれ，使役形「着させる」の場合は相手「子ども」の行為に重点が置かれていると考えられる．そうすると，韓国語の接辞形 입히다 と日本語の「着せる」，게 하다 形 입게 히다 と「着させる」が対応することになる．このことは，次の例からもわかる．

(24a)　お母さんが人形に服を {着せた/?着させた}.
(24b)　어머니가 인형에게 옷을 {입히었다/?입게 하였다}.

「人形」は自ら行為を行うことができないので，「着させる」は使えない．これは韓国語の場合も同じで，接辞形は使えるが，게 하다 形は使えない．このように韓国語での意味の違いは，日本語でも形態的に示し得る場合がある．ただし，形態的に区別可能なのは「着る」「見る」程度で，きわめて限られている．

7.2.3　시키다 形の使われ方

하다 動詞だけが取り得る 시키다 形には，使役とは言えない用法がある．시키다 形は通常日本語の「～させる」と対応するが，(25)のように「～する」と対応する場合もある．

(25a)　警察はユリをスリの嫌疑で {?拘束させた/拘束した}.
(25b)　경찰은 유리를 소매치기 혐의로 {구속시키었다/구속하었다}.

(25)は警察がユリを拘束したことを述べている文で，文の構造としては通常の他動詞文の構造であるにもかかわらず，韓国語は 하다 動詞だけでなく 시키다 形も使える．一方，日本語は「‐する」しか使えず，「～させる」は使えない．このような 시키다 形の用法については，柴（1993）や鄭聖汝（2006）で考察されている．それらの分析によると，시키다 形と 게 하다 形の違いは，接辞形

と 게 하다 形の場合と同じく，主体から相手への働きかけを重視する場合に 시키다 形が使われる．(25) のように主体と対象の関係にあるときでも，行為を行うにおいて何らかの困難さが伴う場合は，主体から対象への働きかけがより強く行われる．その働きかけを強調するために 시키다 形が使われているという．このような 시키다 形の使い方は，하다 動詞すべてにおいて可能なわけではなく，その使用条件についてはさらに分析が必要であろう．　　　[生越直樹]

発展的課題

1. 56ページの (13)(14) のように，能動文でも受身文でも表せる文の例を考え，それぞれ日本語と韓国語で表現してみよう．
2. 日本語では「嫌いなものを食べさせられた．」のように，使役受身の形「〜させられる」を使う．韓国語でも同様の表現が使えるかを調べてみよう．

【参考文献】
生越直樹 (2009)「コラム　受け身と恩恵」池上嘉彦・守屋三千代編著『自然な日本語を教えるために』ひつじ書房
生越直樹 (1980)「他動詞の再帰性と使役の関係　―日本語と朝鮮語の対照を通して―」『待兼山論叢 (日本学篇)』13 号
金慶珠 (2001)「談話構成における母語話者と学習者の視点　―日韓両言語における主語と動詞の用い方を中心に―」『日本語教育』109 号
柴公也 (1993)「「漢字語＋시키다」について　―再帰性・他動性・使役性・受動性との関わりをめぐって―」『朝鮮学報』144 号
Shibatani, Masayoshi. (1973) Lexical versus Periphrastic Causatives in Korean. *Journal of Linguistics 9*
鄭聖汝 (2006)『韓日使役構文の機能的類型論研究　動詞基盤の文法から名詞基盤の文法へ』くろしお出版
塚本秀樹・鄭相哲 (1993)「韓国語における固有語動詞の受身形について　―「이」形と「지다」形の使い分けを中心に」『言語』1993 年 11 月号，大修館書店
鷲尾龍一 (1997)「比較文法論の試み　〜ヴォイスの問題を中心に〜」筑波大学現代言語学研究会編『ヴォイスに関する比較言語学的研究』　三修社

8 テンスとアスペクト

　テンスとアスペクトは日本語でも韓国語でも種々の表現形式で実現され，それらがすべて用言，つまり動詞，形容詞，指定詞の後続部分であることは一般に認められている．アスペクト・テンス的概念を「ある状態や動作が文の発話時を基準にしてそれより以前に起こったのか，またその状態や動作がどんな過程にあるかに関すること」と仮定することが可能であり，日本語と韓国語のアスペクト・テンス体系の基本的なところはたいへんよく似ている．

8.1　テ　ン　ス

　テンス（時制）とは，ある時点を基準に事象の時間的位置を表す文法範疇である．事象を点として見，基本的には発話時を基準にして，その点が発話時のことであるのか前であるか後であるかを問題にする形式である（寺村 1984）．一般には，発話時を基準にして，それ以前を過去，発話時を現在，それ以後を未来とする時間の前後関係を表す言語表現のことと了解されている（沖森他 2006）．

8.1.1　日本語のテンス

　現代語では，動作述語と状態述語とではテンスの表し方に若干の違いがあり，動作述語は過去は「た」，現在は「ている」，未来は∅（言い切り）で表され，状態述語は過去は「た」，現在・未来（合わせて非過去）は∅で表される．動作述語が現在の出来事を表す場合に「ている」というアスペクト表現が割り込んでいるのは，現在という瞬間のことを表すために，現在を基準時としたアスペクト表現を用いざるをえないからである（沖森他 2006）．

1)　①昨日は雨が降った．
　　②（今日は）雨が降っている．
　　③明日は雨が降る∅（だろう）．
2)　①昨日はお天気だった．

②（今日は）お天気だ∅．
　③明日はお天気だ∅（ろう）．

8.1.1.1　過去時制：「た」で終わる形

1) 過去の事柄を表す．例：(1) 彼はそこにいた．(2) 夏休みが終わった．
2) 現在や未来の存在を発見したり，思い出したりした時に用いる．主として状態動詞に限られる．例：(3) 何だ，こんなところにあった．(4) そうだ，明日は予定があった．
3) 感嘆して述べる時に用いる(叫び文における用法)．例：(5) あ！ 電車が通った．(6) わかった．(7) やった！ (8) あ！ 水が出た．
4) ぞんざいな命令形を表す(肯定形の普通体だけ．多くは繰り返して用いる)．例：(9) さあ！ 買った！ 買った！ (10) どいた！ どいた！

8.1.1.2　非過去時制：終止形で終わる形

　現在形が現在の事柄を表すのは状態動詞だけで，「話す」「消える」のような動きや変化を意味する動詞の場合，現在形は現在の動きや状態をそのまま表さない[*1]．

1) 現在の事柄を表す．例：(11) 犬がいる．(12) 約束があります．(13) 恋人はいません．
2) 未来の事柄を表す．例：(14) 明日もここにいる．(15) 早速手紙を書きます．
3) 慣習的な事柄を示す．例：(16) 毎年夏は別荘にいる．(17) 寝る前にはたいてい日記を書きます．(沖森編著 (2010))

8.1.2　韓国語のテンス

8.1.2.1　過去時制

　過去時制は，事件時（動きや状態が表す時点）が発話時に先行する時制である．過去時制は「-았-/-었-」[*2]を用い，「어제〈昨日〉」のような副詞によって

[*1]「僕が話す．」「あっ，火が消える．」これらの表現は〈今は相手に知らせていないが，近い将来ぼくが話そう〉〈今，火は消えてはいないが，もうすぐ消えそうだ〉という意である．

[*2]「-았-/-었-」は一般的に過去時制を表すが次のような機能をも持っている．
　1. 完了した状況の持続：너 누굴 닮았니? 엄마를 닮았어요.
　　　　〈あなた，誰に似ているの．母に似ています．〉
　2. 未来実現の確信：일이 너무 밀렸어. 오늘 밤 잠은 다 잤다.
　　　　〈仕事がたまっている．今晩は寝られない．〉

表現されることもある．

(18) 나는 어제 영화를 보았다．

一方，次の (19) のように「-았었-/-었었-」を用いる場合も過去時制とすることもあるが，発話時より前に起きて現在と断絶した事柄を表現することで「-았-/-었-」との相違を表す．(20) でみるように，冠形詞形（連体形）「-(으)ㄴ」も過去時制を表す時に用いる．

(19) 그해 겨울은 참 따스했었지．〈あの年の冬はとても暖かかった〉
(20) 비 온 후에 하늘이 더 맑다．〈雨が降った後の空がもっと澄んでいる〉

1) 単純過去
単純過去とは，ある動作や状態が過去の時点（昨日，先週，昨年など）に行われたことを表す．

(21) 어제 친구를 만났어요．〈昨日友達に会いました〉
(22) 그는 집에 없었어요．〈彼は家にいませんでした〉

2) 過去の状態
「-았-/-었-」は，過去に起こったことだけでなく，当時の状態を表すこともできる．

(23) 날씨가 좋았다．〈天気が良かった〉
(24) 그 사실을 알았다．〈その事実を知っていた〉

3) 完了
次の (25) は，過去のある時点に起こったことではない．「昨日，先週」とも共起することはできない．「春がいつ到来したのか」ということよりも，現在「春である」こと，その状態が現在も持続していることに焦点がある．

(25) 봄이 왔다．〈春が来た〉

8.1.2.2 非過去時制

1) 現在時制
現在時制は，事件時と発話時が一致する時制である．現在時制は動作述語で

ある場合 (26) のように「-는-/-ㄴ-」を用い,「지금〈今〉」のような副詞によって表現されることもある．形容詞や指定詞の場合は (27) のように∅で表される．

(26) 아이들이 지금 운동장에서 야구를 한다.
〈子どもたちが今グラウンドで野球をする〉
(27) 승현이는 눈이 참 예쁘다. 승현이는 내 동생이다.
〈スンヒョンは目がとてもかわいい．スンヒョンは私の妹だ〉

また，冠形詞形を表示する動詞は「-는」，形容詞や指定詞は「-은/-ㄴ」という語尾を用いる．

(28) 나는 운동장에서 야구를 하는 아이들을 보고 있다.
〈私はグラウンドで野球をする子どもたちを見ている〉
(29) 눈이 참 예쁜 저 아이는 내 동생인 승현이다.
〈目がとてもかわいいあの子は私の妹のスンヒョンだ〉

2) 未来時制

未来時制は，事件時が発話時より後の時制である．次の (30)(31) のように，「-겠-」や「-(으)ㄹ 것이-」を用い,「내일〈明日〉」のような副詞によって表現されることもある*3．冠形詞形は「-(으)ㄹ」を用いる．

---

*3 「-겠-」や「-(으)ㄹ 것이-」は未来時制だけでなく推量や意志のような話者の態度を表現するために用いることもある．
  1) 推量の「-겠-」：現在時制が未来のことまでも表すということは，韓国語に未来時制がないということでもある．「-겠-」は未来時制を表すとしているが，次の例のように現在および過去のことにも用いられる．
    (1) 지금쯤 부산을 지나고 있겠지.〈今頃プサンを通っているだろう〉
    (2) 인기가 많았겠지요.〈かなり人気があったでしょう〉
  (1) と (2) の「-겠-」は，推量の意味を表すだけで，時制の意味はない．現在のことであれ，過去のことであれ，推量の意味を際立たせるために「-겠-」を用いるのである．また，「-겠-」は，次の (3)(4) のように未来のことにも用いることが可能である．
    (3) 내일도 비가 오겠다.〈明日も雨が降るだろう〉
    (4) 합격하겠지요?〈合格するでしょう〉
  2) 意志の「-겠-」：未来のことについて用いる「-겠-」は，推量のほかに意志を表すこともある．
    (5) 저는 내일 떠나겠어요.〈私は明日発ちます〉
    (6) 이번에는 꼭 이기겠어요.〈今度は必ず勝ちます〉

(30) 제가 그 일을 내일 하겠습니다.〈私がその仕事を明日します〉
(31) 내일은 윤미가 있을 것입니다.〈明日はユンミがいるでしょう〉
(32) 떠날 사람은 빨리 떠나야 해.〈発つ人ははやく発たなければならない〉

8.2 アスペクト

アスペクトとは，完成相と継続相の対立によって示される，〈出来事と時間的展開性（内的時間）の把握の仕方の相違〉を表す文法的カテゴリーである．テンスとは，過去時制と非過去時制の対立によって示される，〈出来事と発話時との外的時間関係の相違〉を表す文法的カテゴリーである．一方には，〈内的時間〉をめぐるアスペクト対立があり，他方には，〈外的時間〉をめぐるテンス対立がある．従って，アスペクトとテンスは，アスペクト・テンス体系として，内的時間と外的時間とが統一されたかたちで存在している．

表 8.1 アスペクト・テンス体系[*4]

テンス＼アスペクト	完成相	継続相
非過去	スル	シテイル
過去	シタ	シテイタ

（工藤 1995）

8.2.1 日本語のアスペクト

アスペクトとは，現実の時間や，他の節や文，あるいは副詞句など，外から与えられる時点（「基準時」と呼ぶ）において，その動作がどの局面にあるかを表す表現のことである．「～続く」「～ている」という表現は同じように出来事が続いていることを表しているように思われる．

例：(33) 雨が降り続く　(34) 雨が降っている．

しかし，(33) の「～続く」は，現実の出来事かどうかとは関わりなく，単にその動作が継続することを表し，(34) の「～ている」は，今現在の様子はどうか，というように外から与えられた時点で，動作がどの段階にあるのかを表しているということである．

[*4] 表 8.1 のタイトルは著者による．

1)「〜ている」形

　「〜ている」が付くのが継続動詞である場合は，その動きの継続の意味を表し，瞬間動詞である場合は，動きの結果の状態を表す．

　　例：(35) 漱石の小説を読んでいる．(36) 門灯が消えている．

　(35) では，動作が進行中である，もしくは未完了である状態を表し，心的状態の継続の場合にも用いられる．(36) では，主体の動きがすでに終了し，それ以前とは変わった状態が残存している様子，すなわち動きの結果の状態を表す．一方，「〜ている」形は，反復の動きや慣習的な事柄を表す場合にも用いられる．

　　例：(37) 彼の噂はよく聞いている．(38) 毎朝，3キロほど走っている．
また，動きの完了した状態や，経験・記録として表す時にも用いられる．

　　例：(39) 晩年には自画像も描いている．
　　　　(40) 彼は名誉名人の称号を受けている．

2)「〜てある」形

　「〜てある」形は他動詞（特に他動詞の瞬間動詞）に用いられる．動作を受けたものの変化した結果の状態を表すもので，動作を受ける対象が主語となる．

　　例：(41) 窓が開けてある．(42) 優秀作品が並べてある．

8.2.2　韓国語のアスペクト

「〜ている」にあたる韓国語の表現形式には「-고 있다」と「-어 있다」の二つがある．例えば，「ソウルに行っている」を韓国語にすると，「서울에 가고 있다（ソウルに行く途中を表す）」，「서울에 가 있다（ソウルに行ってそこにいる意味を表す）」の二つの形式がある．

1)「-고 있다」の意味

　① 動作の進行

(43)　책을 읽고 있어요．〈本を読んでいます〉
(44)　친구를 기다리고 있어요．〈友達を待っています〉

　(43) は「本を読む」行為の進行を表し，(44) は「友達を待つ」行為の進行を表す．

　② 動作の反復進行

(45)　한국어를 공부하고 있어요.〈韓国語を勉強しています〉

(45)は行為の反復による持続の意味を表す．また，反復による持続的に行われる表現は，次の (46) 다니다〈通う〉，(47) 매주〈毎週〉のように，動詞あるいは副詞の意味によって表すこともある．

(46)　중학교에 다니고 있어요.〈中学校に通っています〉
(47)　매주 서울에 가고 있어요.〈毎週ソウルに行っています〉

③動作の進行および結果状態

(48)　예쁜 옷을 입고 있어요.〈綺麗な服を着ています〉

(48)は「服を着ている」という進行の意味と「服を着る」行為が完了し，その結果の状態についての意味もある．後者の意味としては，입다〈着る〉のほかに，신다〈履く〉，쓰다〈かぶる〉など再帰的な特徴を持つ他動詞の場合に限られる．

2)「-어 있다」の意味

「-어 있다」は，先行する動詞の行為の結果が持続する意味を持つ．動作が終わってからの状態が持続することであり，変化のない状態が持続することを表すため，「動作の持続」より「状態の持続」に近いとも言われる．

(49)　문이 열려 있어요.〈ドアが開いています〉
(50)　손님이 와 있어요.〈お客さんが来ています〉

(49)は「ドアを開く」動作が完了した状態が持続している意味を，(50)は「お客さんが来て，現在もいる」という「来る」動作の完了後の持続の意味を表す．

3)「-고 있다」と「-어 있다」の意味

(51a)　서울에 살고 있어요.〈ソウルに住んでいます〉
(51b)　아직 살아 있어요.〈まだ生きています〉

(51)のように，「살다」は「-고 있다」に付くと「住む」の意味を，「-어 있다」に付くと「生きる」の意味を表す．

(52a) 꽃이 시들고 있어요.
(52b) 꽃이 시들어 있어요.

(52)は「花がしおれています」という意味を表すが，(52a)は「しおれる」ことが現在も進行中であることを，(52b)は「しおれている」という状態を表す．　　　　　　　　　　　　　　　　　　　　　　　　[石賢敬]

発展的課題

1：絶対時制と相対時制
次の例の連体形は，ともに現在時制（絶対時制）であるが，これらの相対時制はどうなのか．
a. 새 우는 소리가 들린다.〈鳥の鳴く声が聞こえる〉
b. 새 우는 소리가 들렸다.〈鳥の鳴く声が聞こえた〉

2：「〜ている」と「〜てある」
「쓰여 있다」は，日本語にすると，「쓰이다〈書かれる〉」に対応する「書かれている」と「書いてある」になる．これらの意味の違いについて考えてみよう．

【参考文献】
井上優（2001）「中国語・韓国語との比較から見た日本語のテンス・アスペクト」月刊『言語』30-13．大修館書店
梅田博之・村崎恭子（1982）「現代朝鮮語」寺村秀夫他編『講座日本語学II 外国語との対照II』明治書院
沖森卓也編著（2010）『日本語ライブラリー 日本語概説』朝倉書店
沖森卓也・木村義之・陳力衛・山本信吾（2006）『図解日本語』三省堂
工藤真由美（1995）『アスペクト・テンス体系とテクスト』ひつじ書房
国立国語研究所（1985）『現代日本語動詞のアスペクトとテンス』秀英出版
寺村秀夫（1984）『日本語のシンタクスと意味II』くろしお出版
吉川武時（1989）『日本語文法入門』アルク
남원식（1996）「한국어의 시제와 상에 관한 통사적 연구」『언어논총』14　　　　　계명대학교언어연구소
박선옥（2005）『국어 보조동사의 통사와 의미 연구』도서출판 역락
서정수（1996）『현대국어 문법론』한양대학교 출판원
윤여탁 외 8인（2012）『독서와 문법 I』미래엔 대한교과서
이익섭（2005）『한국어 문법』서울대학교출판부

9 副　　詞

9.1 本来の副詞

　学校文法では,「用言または文章を修飾する機能を持っている単語」を副詞とし,「참〈とても〉」のように他の副詞を修飾するもの,「바로〈すぐ〉」「특히〈特に〉」のように一部の体言の前に現れてその体言に特別な意味を加える単語を副詞として認める.

　副詞は,大きく成分副詞と文章副詞に分けられる. さらに,成分副詞は性状,指示,否定,擬声・擬態副詞に分けられ,文章副詞は叙法（または様態,陳述）副詞,接続副詞に分けられる.

(1) 김치가 잘 익었어요.〈キムチがよく漬かっています.〉
(2) 설마 그런 일이야 없겠지.〈まさかそんなことはあるまい.〉
(3) 제주도는 경치가 아름답습니다. 그리고 맛있는 귤이 유명합니다.
　　〈済州道は景色が綺麗です. そして, おいしいミカンが有名です.〉

　(1) の「잘〈よく〉」のように,動詞「익다〈漬かる〉」（一つの成分）を修飾する副詞を成分副詞といい, (2) の「설마〈まさか〉」のように文全体を修飾する副詞と, (3) の「그리고〈そして〉」のように前の文と後ろの文を繋ぐ副詞を文章副詞という. 韓国語では接続詞も副詞に含める.

9.1.1 成分副詞

　文章の中で一つの成分（形容詞,動詞,ほかの副詞,特定の名詞）を修飾する副詞を成分副詞という. これはさらに,性状副詞,指示副詞,否定副詞,擬声・擬態副詞に分けられる.

9.1.1.1 性状副詞

　用言（動詞や形容詞）やほかの副詞,名詞を修飾し,状態や程度などを表す.
　例）・状態：빨리〈早く〉, 갑자기〈急に〉, 깊이〈深く〉, 많이〈たくさん〉

・程度：매우〈非常に〉, 퍽〈すごく〉, 아주〈とても〉, 너무〈あまりに〉

日本語の形容詞[*1]が「早く, 高く, 静かに」と活用するように, 韓国語の形容詞も副詞形「빠르게, 높게, 조용하게」にすることができるが, 普通は派生副詞「빨리, 높이, 조용히」の形で使われている（韓国語の場合は形容詞の副詞形と転成副詞（派生副詞）の形態が違う）.

また,「よほど<u>の</u>自信がなければ〈웬만<u>한</u> 자신이 없으면〉」,「<u>相当の</u>金額〈<u>상당한</u> 금액〉」,「<u>なかなかの</u>好カードだ〈<u>상당히 좋은</u> 대전이다〉」などのように, 韓国語には「程度副詞＋の＋名詞」に直接対応する形式がないため,「形容詞連体形＋名詞〈웬만<u>한</u> 자신・상당<u>한</u> 금액〉」, または「程度副詞＋形容詞連体形＋名詞〈상당히 좋<u>은</u> 대전〉」といった形式で対応したりする. これについて, 油谷（2005）は, 日本語は「～な」ではなく「～の」という形式を取るのに対して, 韓国語は「～한」という形式を取ると述べている.

9.1.1.2 指示副詞

発話の現場を中心にして場所や時間, 前に出た話の内容を示す副詞を指示副詞という.

例）・場所：이리〈こちら〉, 저리〈あちら〉, 그리〈そちら〉
　　・時間：조금 전에〈少し前に〉, 지금〈今〉, 아까〈さっき〉

(4a)　<u>이리</u> 오너라.〈<u>こちら</u>へ来い.〉
(4b)　누가 <u>이리</u> (요리) 떠드느냐.〈だれが<u>こんなに</u>騒いでいるのか.〉

場所のほかにも,（4a）のように移動の方向を示したり,（4b）のように様子を表したりする. すなわち, 場所を表す 여기〈ここ〉, 거기〈そこ〉, 저기〈あそこ〉などは, もともと場所（空間上の位置）を示す代名詞であるが, 助詞が付かずに単独で使われると, 副詞の働きをする場合もある.

また, 時の副詞のうち一定の時刻「다섯 시<u>에</u>〈5時<u>に</u>〉, 아침<u>에</u>〈朝<u>に</u>〉, 조금 전<u>에</u>〈少し前<u>に</u>〉」や, 時代「조선 시대<u>에</u>〈朝鮮時代<u>に</u>〉」などを表す場合は「-에」を使う. しかし,「이제〈もうすぐ〉, 방금〈たった今〉, 지금〈今〉, 곧〈すぐ〉, 아까〈さっき〉」や「어제〈昨日〉, 오늘〈今日〉, 내일〈明日〉, 언제〈いつ〉」などの

[*1] 形容詞と形容動詞は, 活用は異なるが, その働きはほとんど重なるので, 本章では両者を総称して「形容詞」と呼ぶことにする.

場合は「-에」が付かない.

9.1.1.3 否定副詞

(5a) 돈을 안 쓴다.（動詞，自意性，意図否定）〈お金を使わない.〉
(5b) 술을 못 마신다.（動詞，不可能性，能力否定）〈お酒が飲めない.〉

用言の意味を否定する副詞として，意図否定「아니 (안)」，能力否定「못」がある．韓国語は否定副詞（「아니 (안)」，「못」）が用言の前に現れることもあるが，日本語は否定の助動詞が用言の前に現れることはない．

また，否定副詞は，他の副詞とは違って移動が自由ではない．(5a) を「*안 돈을 쓴다」のように「안」を「돈」の前に移動させると非文になる．(5b) も「*못 술을 마신다」の「못」を「술」の前に移動させると非文になる．

(6) 저리 잘 안 먹는 아이는 처음 본다.
　　〈あんなによく食べない子供ははじめて見る.〉

否定副詞「안」は，成分副詞の中で最も後ろに置かれるという特徴がある．指示副詞「저리」は性状副詞「잘」の前に，性状副詞「잘」は否定副詞「안」の前に現れる（指示副詞「저리」+性状副詞「잘」+否定副詞「안」）．

(7a) 결코 철수는 학교에 안 간다.〈絶対にチョルスは学校に行かない.〉
(7b) 도무지 그것을 이해 못 하겠다.〈まったくそれが理解できない.〉
(7c) 전혀 그 일은 이해가 안 간다.〈全然そのことは解らない.〉
(7d) 통 그 일을 이해를 못 하겠다.〈まるきりそのことが理解できない.〉

また，叙法（または様態，陳述）副詞のうち，결코〈絶対〉，도무지〈まったく〉，도저히〈到底〉，전혀〈全然〉，통〈まるきり〉などは，否定副詞または否定形と共起しないと非文になる (9.1.2.1 項 i)．

9.1.2 文章副詞

文や節のはじめに用いられ，文全体を修飾する副詞を文章副詞という．話し手の心情や態度と関連する副詞である．これはさらに，叙法副詞（様態副詞，様相副詞とも），接続副詞などに分けられる．

9.1.2.1 叙法副詞

叙法副詞は，学校文法でいう陳述副詞に相当する．また，様態副詞，様相副詞ともいう．話し手の態度を表し，必ず呼応する表現が用いられる．意味の特徴から仮定，強調，敷衍，疑惑，理由，転換，推定，確信，否定などに分けられる．

a. 仮定 〈例〉만일〈もし〉, 비록〈たとえ〉, 설령〈たとえ〉, 설사〈たとえ〉など

(8) 가령 타임머신이 있다면 무엇을 하고 싶습니까?
「가령〈もし〉-다면（仮定節）」
〈もしタイムマシンがあったら，何がしたいですか．〉

仮定を表す副詞は，仮定節のはじめに位置するという特徴がある．特定の連結語尾と呼応する．

b. 強調 〈例〉과연〈なるほど〉, 분명히〈明らかに〉, 실은〈実は〉など

(9) 갖은 고생 끝에 결국 성공했다.〈さまざまな苦労の末，結局成功した．〉

文の意味を強調する働きをするので，用いなくても意味はそれほど変わらない．

c. 敷衍 文頭に用いられ，前の文を敷衍して詳しく説明する．
〈例〉말하자면〈いわば〉, 게다가〈さらに〉, 하긴〈もっとも〉など

(10) 철수가 학교에 빨리 온다. 것도 빨리 온다.
〈チョルスは学校に早く来る．それも早く来る．〉

d. 疑惑 〈例〉어쩐지〈どうやら〉, 어쩌면〈ひょっとしたら〉など

(11) 설마 5월에 눈이 올까?〈まさか，5月に雪が降るだろうか．〉

e. 理由 〈例〉고로〈ゆえに〉, 연고로〈それゆえ〉など

(12) 나는 생각한다. 고로 나는 존재한다.〈我思う．ゆえに我あり．〉
(13) 어찌하여 돌아오지 않을까?〈どうして帰って来ないのだろうか．〉

(12)のように先行する文が理由を，後続する文がその結果を表す場合と，(13)

のように理由を尋ねる場合とがある.

   f. 転換　〈例〉각설하고〈それはさておき〉, 그나저나〈いずれにしても〉, 근데〈ところで〉, 이어서〈続いて〉など

(14)　여러 가지를 이야기했지만, 각설하고 결론을 내리겠다.
     〈いろいろと話し合ったが, それはさておき, 結論をくだす.〉

後続する文のはじめに用いて, 話を打ち切って話題を転換させる働きをする.

   g. 推定　〈例〉어쩌면〈ひょっとしたら〉, 이를테면〈言わば〉, 혹시〈もしかすると〉など

(15)　보아하니 학생인 듯하다.〈見たところ学生らしい.〉

推定の意味がある文のはじめに用いて, 推定の意味を強める.

   h. 確信　〈例〉분명〈明らかに〉, 분명코〈確かに〉など

(16)　분명코 그는 애국자다.〈確かに彼は愛国者である.〉

文のはじめに用いられて, その内容が確かであることを表す. 文の内容が事実であることを前提として, その事実の確実さを表す働きをする.

   i. 否定　〈例〉결단코〈断じて〉, 결코〈決して〉, 과히〈それほど〉, 도무지〈まったく〉, 도저히〈到底〉, 미처〈ついぞ〉, 별로〈あまり〉, 비록〈たとえ〉, 아무리〈いくら〉, 전연〈全然〉, 전혀〈まったく〉, 절대로〈絶対に〉, 좀처럼〈なかなか〉, 통〈まるきり〉など

(17)　그는 좀처럼 남의 말을 듣지 않는다.
     〈彼はなかなか他人の言うことを聞かない.〉
(18a)　철수는 결코 학교에 안 온다.〈チョルスは決して学校へ来ない.〉
(18b)　철수는 학교에 결코 안 온다.〈チョルスは学校へ決して来ない.〉

否定の意味を持つ副詞である. (18a)(18b)のように, 文中に表れることもある. 否定を表す副詞「결단코, 결코, 과히…」を否定副詞「아니 (안), 못」とともに用いることで, 意味をより明確にする.

以上のように, 日韓の叙法副詞はよく対応しているようである.

9.1.2.2 接続副詞

前の文（単語）と後ろの文（単語）を繋ぐ役割をする副詞を接続副詞という．後ろの文（単語）のはじめに用いられる．副詞のなかでも扱いが特別で，韓国語における品詞に接続詞を設定することはほとんどない．順接・逆説・因果・選択などの意を表す．

a. 順接

(19)　문학에는 시・소설 및 희곡 등이 있다.
　　　〈文学には詩・小説および戯曲などがある．〉
(20)　아침을 먹었습니다. 그리고 학교에 갔습니다.
　　　〈朝食を食べました．そして学校へ行きました．〉

先行する文と後続する文の内容が対等で，(19)のように内容を付け加える場合と，(20)のように，行為の順序を表す場合とがある．

b. 逆接　〈例〉그렇지만〈そうだけれども〉，한데〈ところで〉など

(21)　인내는 쓰다. 그러나 그 열매는 달다.〈忍耐は苦い．しかしその結実は甘い．〉

意味内容が，前後で反対または対立する場合に用いる．

c. 因果　〈例〉그럼〈それなら〉，따라서〈したがって〉など

(22)　구하라. 그러면 얻을 것이다.〈求めよ．さらば与えられん．〉
(23)　노력은 성공의 어머니다. 그러므로 열심히 공부해야 한다.
　　　〈努力は成功の母である．それゆえ，一所懸命に勉強しなければならない．〉

(22)は原因が結果につながること，(23)は先行文の内容が後続文の理由・条件・根拠であることを表している．

d. 選択　〈例〉한편〈一方〉，혹은〈あるいは〉など

(24)　기차 또는 버스로 통학한다.〈汽車またはバスで通学する．〉

9.2　複合副詞

①名詞＋名詞：밤낮〈昼夜，いつも〉，오늘날〈今日〉，여기저기〈あちこち〉など
②冠形詞（連体詞）＋名詞：한바탕〈ひとしきり〉，한참〈しばらく〉，한층

〈一層〉,온종일〈一日中〉,어느덧〈いつのまにか〉,어느새〈いつのまにか〉,요즈음〈最近〉など

　　数冠形詞（連体詞）「한〈一つの〜〉,온〈全〜〉」などが付いた副詞や,指示冠形詞（連体詞）「어느〈どの〜〉,요〈この〜〉」が付いた副詞である.

③動詞・形容詞の冠形詞形（連体形）＋依存名詞：이른바〈いわゆる〉,이를테면〈いわば〉,된통〈大変,ひどく〉など

　　動詞・形容詞の「이르다〈言う〉,되다〈きつい〉」の冠形詞形（連体形）「이른,된」と依存名詞「바〈ところ,こと〉,통〈さなか,はずみ〉」が組み合わさった副詞である.

④副詞＋副詞：곧잘〈かなりよく〉,잘못〈誤って〉,좀더〈もうちょっと〉など

⑤反復語：

a：구석구석〈隅々まで〉,군데군데〈所々〉,마디마디〈節々に〉などは「名詞＋名詞」で,하나하나〈一つずつ〉,몇몇〈いくらか〉などは「数詞＋数詞」である.

b：고루고루〈均等に〉,오래오래〈長くいつまでも〉,부디부디〈くれぐれも〉,어서어서〈早く早く〉などは,同じ副詞が重なったものである.

c：두고두고〈何度も何度も〉は,同一の動詞の活用形（두다〈置く〉→두고〈置いて〉）が重なったもの,오나가나〈どこへ行っても〉,들락날락〈出たり入ったり〉,오다가다〈偶然,たまに〉は,対義的な動詞の活用形が重なったものである.

　　油谷（2005）は,畳語の副詞的用法の日韓の違いを以下のように記している.

日本語：動詞基本形＋動詞基本形

　　　　泣く泣くあきらめた.行く行くは彼に仕事を譲る.

韓国語：動詞語幹＋고　動詞語幹＋고

　　　　두고두고 생각했다.〈何度も何度も考えた〉

9.3 派　生　副　詞

派生副詞とは,接尾辞が名詞,動詞,形容詞などの後ろに付く副詞をいう.副詞の派生接尾辞は,他の品詞を作る接尾辞よりもかなり少ない.しかし,「-이」「-히」のような接尾辞は,多くの単語について新しい副詞を作ることから,

派生副詞の数はきわめて多い．日本語の場合も漢字語の中には，単独で副詞の機能を果たすもの（随分），「に」「と」を伴って副詞の機能をしているものがある（自然に，意外と）．

① 「-이」：같이〈一緒に〉，굳이〈無理に〉，많이〈多く〉，높이〈高く〉，길이〈長く〉，고이〈美しく〉，바삐〈忙しく〉，깨끗이〈きれいに〉

② 「-히」：천천히〈ゆっくりと〉，쓸쓸히〈寂しく〉，넉넉히〈十分に〉，조용히〈静かに〉，부지런히〈まじめに〉，무던히〈寛大に〉

③ 「-(으)로」：진실로〈真に〉，참으로〈本当に〉，대대로〈代々〉，주로〈主に〉

［李勇九］

発展的課題

1. 「程度副詞＋の＋名詞（相当の金額，なかなかの好カード）」に直接対応する形式がないため「形容詞連体詞＋名詞〈상당한 금액〉」，「程度副詞＋形容詞連体詞＋名詞〈상당히 좋은 대전〉」という形式で対応したりする．これ以外の例をあげてみよう．

2. 자연히〈自然に〉，다행히〈多幸-・幸いに〉，족히〈足-・十分に〉のように，漢語に「-히」がついて副詞になった例，固有語に「-히」がついて副詞になった例をあげてみよう．

【参考文献】
李翊燮・李相億・蔡琬（1997）『한국의 언어』新丘文化社
李清一（2012）『擬声語・擬態語400』三修社
生越直樹（2002）『対照言語学』東京大学出版会
松村明編（1971）『日本文法大辞典』明治書院
油谷幸利（2005）『日韓対照言語学入門』白帝社
손남익（1995）『국어부사연구』博而精出版社
이영택（2012）『학교 문법의 이해』PMG 그룹 박문각/에듀스파

10 共起関係

　共起関係とは，一つの統語素が文の一部を構成する際，ほかの語が同時に共存することを許容すること，または，その統語素を必ず必要とする二つの構成要素の関係のことである．

10.1 必須的共起関係

体言と用言との共起関係を必須的共起（obligatory co-occurrence）という．

(1)　　그는 책을 읽는다.〈彼は本を読む〉

(1) の「읽는다〈読む〉」は他動詞で，目的語が共起する必須的共起関係である．

(2)　　할아버지께서 진지를 잡수신다.〈お祖父さんがご飯を召し上がる〉
(3)　　제가 책을 읽겠습니다.〈私が本を読みます〉

(2) の「께서〈が〉」「진지〈ご飯〉」「잡수시다〈召し上がる〉」，(3) の「저〈私〉」「읽겠습니다〈読みます〉」は，主語と述語との必須共起が成立する呼応関係である．このように待遇法においての構成要素間の呼応関係も必須共起である．

10.2 随意的共起関係

(4)　　아름다운 꽃이 많이 피었다.〈綺麗な花がたくさん咲いた〉

「아름다운 꽃〈綺麗な花〉」と「많이 피었다〈たくさん咲いた〉」は，共起的構成である．連体形[*1]は体言に先行するという条件から句として共起関係が成立するが，連体形と用言とは共起関係が成立しないのである．一方，「많이〈たくさん〉」のような副詞は用言に先行して「많이 피었다〈たくさん咲いた〉」「매우 아름답다〈とても綺麗だ〉」などのように句として共起関係が成立するが，体言との共起関係は成立しない．連体形と副詞は文構成において必須的要素ではなく，

---

*1　韓国の文法用語は「冠形詞形」．

その共存を許容する成分であるため，これらは随意的共起関係（optional co-occurrence）という（李喆洙 1998）．

10.3 副　　詞

日本語学や日本語教育において，副詞は情態・程度・陳述の3種に分類される．このうち，日本語の陳述副詞の属する韓国語の副詞の共起関係についてみる．

10.3.1 가령, 만일 (만약), 설령 (설사), 비록〈仮に，もし，たとえ〉

これらの副詞は，複文を作る副詞類であり，用言との共起関係においての制約はないが，共起する語尾には制約がある．「가령, 만일 (만약)〈仮に，もし〉」は条件や譲歩を表す語尾と，「설령 (설사), 비록, 아무리〈たとえ，いくら〉」は譲歩を表す語尾と，「하도〈あまりにも〉」は因果関係を表す語尾と共起する．

表 10.1 가령, 만일 (만약), 설령 (설사), 비록と共起する語尾

副詞	共起する語尾
가령, 만일 (만약)	-고, -면, -다면, -거든, -어도, -더라도, -ㄹ지라도
설령 (설사), 비록, 아무리	-어도, -더라도, -ㄹ지라도, -ㄹ망정, -ㄹ지언정, -ㄴ들, -었자, -기로소니
하도	-어서, -으니 (니까)

(5a)　가령 그가 책을 읽었다고 해 보자.〈仮に彼が本を読んだとしてみよう〉
(5b)　가령 그가 집에 있다고 해 보자.〈仮に彼が家にいるとしてみよう〉
(5c)　가령 그가 착하다고 하자.〈仮に彼が優しいとしよう〉
(5d)　가령 그가 학생이라고 하자.〈仮に彼が学生だとしよう〉
(6a)　만일 (만약) 그가 학교에 갔다면 그 일은 해결될 것이다.
　　　〈もし彼が学校に行ったらそれは解決するだろう〉
(6b)　만일 (만약) 그가 학교에 있다면 그 일은 해결될 것이다.
　　　〈もし彼が学校にいたらそれは解決するだろう〉
(6c)　만일 (만약) 그가 착하다면 이 일을 그냥 두지 않을 것이다.
　　　〈もし彼が優しければ，これを〉
(6d)　만일 (만약) 그가 학생이라면 다시 올 것이다.
　　　〈もし彼が学生であれば，また来るだろう〉

(7a) 설령 (설사) 그가 책을 읽었더라도 그 문제는 어려웠다.
　　　〈たとえ彼が本を読んだとしてもその問題は難しかった〉
(7b) 설령 (설사) 그가 집에 있더라도 마찬가지다.
　　　〈たとえ彼が家にいても同じことだ〉
(7c) 설령 (설사) 그가 착하더라도 그렇게 해서는 안 된다.
　　　〈たとえ彼が優しいとしてもそのようにしてはいけない〉
(7d) 설령 (설사) 그가 학생이라도 그렇게 해서는 안 된다.
　　　〈たとえ彼が学生でもそのようにしてはいけない〉

(5)～(7) の a は動詞，b は存在詞，c は形容詞，d は指定詞の各々の例であり，共起する語尾の条件さえ合えばすべての用言と共起できる（임유종 1999）．

10.3.2　설마, 과연, 무릇, 아마〈よもや，さすが，およそ，おそらく〉

これらの副詞は，様相・様態の意味を表す「설마〈まさか〉」は疑問形の語尾と，「부디, 아무쪼록, 제발, 어서〈どうか〉」は命令形と，「과연, 정말 (로)〈さすが〉」は感嘆法・疑問法の形態と共起する．

表10.2　설마, 과연, 무릇, 아마と共起する叙法（モダリティ）

副詞	共起する叙法
설마	-겠느냐, -ㄹ까, -으랴
부디, 아무쪼록, 제발, 어서	-다, -사 (-ㄱ 바라다)
과연, 정말 (로)	-다, -구나, -군, -까
무릇, 모름지기	-어야 한다
아마 (도), 확실히[*2], 분명히	-ㄹ 것이다, -겠-

また，「무릇, 모름지기〈およそ〉」は「〈～なければならない〉」のような表現と，「아마 (도), 확실히, 분명히〈おそらく，確か〉」は「〈～であろう〉」などの推量・推定の表現と共起して話者の推量および不確かな判断の意味を表す．なお，10.3.1項の「가령, 만일 (만약), 설령 (설사), 비록〈仮に，もし，たとえ〉」同様，用言

[*2]「확실히」は，文全体にかかわる話者の判断を表す「확실히〈確かに〉」と「이해하다〈理解する〉, 밝히다〈明らかにする，突き止める〉」などの動詞を修飾する副詞「확실히〈はっきりと，確実に〉」（情態副詞）がある．
　　a. 확실히 이번 겨울은 추울 것이다.〈確かに今度の冬は寒いだろう〉
　　b. 진상을 확실히 밝혀라.〈真相を確実に突き止めろ〉

に対する制約はない．

(8a) 　설마 그렇게까지 했을까? 〈まさかそんなことまでしただろうか〉
(8b) 　과연 그 아이는 예쁘구나. 〈さすがあの子はかわいい〉
(8c) 　무릇 사람은 착해야 한다. 〈およそ人は善良でなければならない〉
(8d) 　아마 집에 갔을 것이다. 〈おそらく家に行っただろう〉

ただし，「부디，아무쪼록，제발，어서〈どうか〉」の場合は，形容詞と指定詞との共起において制約がある．これは，副詞の共起制約ではなく，要求・命令の意味を持つ形態の制約によるものである．

(9a) 　부디 자리를 옮겨 주시기 바랍니다. 〈どうか席を移してください〉
(9b) 　부디 집에 있어라. 〈どうか家にいなさい〉
(9c) 　*부디 예뻐라. 〈*どうかかわいい-命令〉
(9d) 　*부디 학생이어라. 〈*どうか学生でありなさい〉

10.3.3　반드시, 꼭, 절대 (로) 〈必ず，きっと，絶対（に）〉

これら陳述副詞の共起関係について，장진아（2001）は，命令，依頼，勧誘という「行為要求文」の3機能との関係を中心に考察している．

10.3.3.1　肯定の「行為要求」での文末共起関係

肯定の「行為要求」とは，否定の形式を含まない，事態の実現を要求する文である．

A．命令
(10a) 　　가방 속에 반드시 넣어라. 〈鞄の中に必ず入れなさい〉
(10b) 　　확인하는 대로 꼭 연락해라. 〈確認次第連絡しなさい〉
(10c) 　　*절대로 가라. 〈絶対に行きなさい〉
(11a) 　　범인을 반드시 잡으세요. 〈犯人を必ず捕まえてください〉
(11b) 　　집에 돌아오면 꼭 공부하세요. 〈帰ってきたらきっと勉強してください〉
(11c) 　　*약속은 절대로 지키세요. 〈約束は絶対に守ってください〉

(10) を見ると，韓国語の場合「반드시，꼭〈必ず，きっと〉」は命令形と共起するが，「절대（로）〈絶対（に）〉」は共起しない例である．また，(11) は，

「-(으) 세요〈〜てください〉」という命令によって，話者は聞き手にそのように行動すること（要するに，事態が実現すること）を強要する文である．「반드시, 꼭〈必ず, きっと〉」は文末の「-(으) 세요〈〜てください〉」と共起するが,「절대 (로)〈絶対(に)〉」は命令形と共起しない．一方，日本語の「必ず，きっと，絶対(に)」は，命令形との共起関係において文末制限がない[*3].

B. 依頼
(12a) 외출할 때는 반드시 보고해 주세요.〈外出時は必ず報告してください〉
(12b) 꼭 한번 찾아와 주십시오.〈きっと一度訪ねてください〉
(12c) *절대로 와 주십시오.〈絶対に来てください〉

(12) の「반드시, 꼭〈必ず, きっと〉」は「依頼・勧誘」文末表現と共起するが,「절대 (로)〈絶対(に)〉」は共起しないことがわかる．

C. 勧誘
(13) 내일이라도 {반드시/꼭/*절대로} 병원에 가는 게 좋겠다.
〈明日にでも{*必ず/*きっと/絶対に}病院に行った方がいい〉

「勧誘」は，話者が聞き手に対して一緒に行動することを望む表現で，両者がともに行為者となることが「命令・依頼」と異なる．また，話者による強制が弱く，要求する事態への実現に対する聞き手側の選択が可能であるため，事態の実現を目的とする「必ず, きっと」とは共起できないのである．これに対して，韓国語の「반드시, 꼭〈必ず, きっと〉」は，勧誘形との共起関係が成立することから話者の強制が日本語より弱いと言える．「절대 (로)〈絶対(に)〉」は，肯定の「行為要求」とは共起しないのである．

10.3.3.2 否定の「行為要求」での文末共起関係

否定の「行為要求」とは，否定の形式を含み，事態の非実現を要求する文である．次にみる A.否定命令，B.否定依頼，C.否定勧誘において，両語の「반드시, 꼭〈必ず, きっと〉」は共起関係が成立せず,「절대 (로)〈絶対(に)〉」のみ

[*3] 「きっと」は，「必ず」より命令と共起する例が多くないと言われる．これについて，工藤 (1982) は「きっと」のもつ①話者の確信②確実な現実可能性に対する話者の期待③一定の条件での確率という三つの意味のうち，②と③のような話者の主観的推量の蓋然性を表す機能が残っているからとしている．

が共起する．

　A．否定命令
(14)　그 사람한테서는 {*반드시/ *꼭/절대로} 물품을 받지 마라.
　　　〈あの人からは {*必ず/ *きっと/絶対に}〉物をもらうな〉

　B．否定依頼
(15)　{*반드시/ *꼭/절대로} 섞지 마십시오.
　　　〈{*必ず/ *きっと/絶対に}〉混ぜないでください〉

　C．否定勧誘
(16)　그 사람한테는 {*반드시/ *꼭/절대로} 말하지 않는 것이 좋다.
　　　〈あの人には {*必ず/ *きっと/絶対に}〉言わないほうがいい〉

　否定の「行為要求」は，事態が実現しないことを命令・依頼・勧誘することなので，事態の実現を望む「반드시，꼭〈必ず，きっと〉」と共起関係が成立しない．一方，「절대（로）〈絶対（に）〉」は，事態が実現するかしないかの現実世界を越えた話者の主観の世界に存在するため，否定の「行為要求」との共起関係が成立すると思われる．

表10.3　반드시，꼭，절대（로）と「行為要求文」との共起関係

行為要求文 表現	肯定		否定
	韓国語	日本語	韓国語・日本語
命令	반드시，꼭	必ず，きっと，絶対（に）	절대（로） 절대（に）
依頼	반드시，꼭	必ず，きっと，絶対（に）	
勧誘	반드시，꼭	絶対（に）	

10.3.4　전혀，결코，조금도〈全然，けっして，ちっとも〉

　これらの副詞は用言を修飾するというより，否定の「안」と不可能の「못」と共起関係にあり，用言との結合において制約のない副詞類である．ほかに，「과히，별로〈あまり〉，통，도무지〈まったく〉，도저히〈とうてい〉」などがある．

(17a)　그는 {전혀/결코/조금도} 밥을 안 먹는다.
　　　〈彼は {全然/けっして/ちっとも} ご飯を食べない〉

(17b)　　*그는 {전혀/결코/조금도} 밥을 먹는다.
　　　　〈*彼は {全然/けっして/ちっとも} ご飯を食べる〉

なお，否定の「안」のない場合は，否定の意味を持つ用言「모르다〈知らない〉，없다〈ない．いない〉」とも共起する．

(18a)　　그는 {전혀/결코/조금도} 그 사실을 모른다.
　　　　〈彼は {全然/けっして/ちっとも} その事実を知らない〉
(18b)　　그는 {전혀/결코/조금도} 돈이 없다.
　　　　〈彼は {全然/けっして/ちっとも} お金がない〉

10.3.5　時の副詞

情態副詞は，意味的には状態を表すものが多いのだが，そのほかにはっきりまとまったグループの一つとして，時に関する副詞「아까〈さっき〉，지금/이제〈今〉，가끔/종종〈たまに〉，늘/항상/언제나〈いつも〉」などがある．この時に関する副詞は，その性質上，述語のテンス・アスペクトと呼応関係を持つなど特殊である．

(19a)　　그는 아까 밥을 먹었다.〈彼はさっきご飯を食べた〉
(19b)　　*그는 아까 밥을 먹는다.〈*彼はさっきご飯を食べる〉
(20)　　 그는 {지금/이제} 밥을 먹는다 〈彼は今ご飯を食べる〉*4

(19) は過去時制を表す副詞「아까〈さっき〉」が用いられた例で，(19a) のように過去時制を含む「먹었다〈食べた〉」とは共起するが，(19b) は非文となる．これは形容詞文の場合も同じである．(20) は，現在と関係のある副詞の例である．(19)(20) の「아까〈さっき〉，지금/이제〈今〉」は時制と密接な関係のある副詞である．

一方，「時の副詞」のうち，テンス・アスペクトとは関係のないと思われる副詞「금방〈今すぐ．たった今〉，자주〈よく〉」は，形容詞および指定詞との共起関係に制約がある．

---

*4　「지금/이제〈今〉」は，過去時制を含む「먹었다〈食べた〉」とは共起しないとするが，임유종 (1999) は，実際よく使われる表現なので，次を適格な文としている.
　　그는 {지금/이제} 밥을 먹었다.〈*彼は今ご飯を食べた〉

(21a)　그는 <u>금방</u> 밥을 먹을 것이다.〈彼は今すぐご飯を食べるだろう〉
(21b)　그는 <u>금방</u> 집에 있었다.〈彼はたった今家にいた〉
(21c)　*그는 <u>금방</u> 착했다.〈*彼は今すぐ優しかった〉
(21d)　*그는 <u>금방</u> 학생이었다.〈*彼はたった今学生だった〉　　　　[石賢敬]

発展的課題

1. 次の文において，文頭に来る副詞「심지어〈甚だしくは〉」，「더구나〈その上に〉」と助詞「까지〈まで〉，조차，마저〈さえ〉」との共起関係について考えてみよう．
   a. 심지어 입을 옷｛까지/조차/마저｝없었다.
   b. 더구나 소식｛까지/조차/마저｝끊어지고 말았다.

2. 空間，時間と共起する語「틈〈隙間〉」，「사이〈間〉」，「겨를〈暇〉」について，次の文ではどの語が共起関係にあるか考えてみよう．
   a. 문｛틈/사이/*겨를｝(으)로 바람이 들어온다.
   b. 놀｛틈/사이/겨를｝이 없다.

【参考文献】

工藤浩（1982）「叙法副詞の意味と機能―その記述方法をもとめて―」『国立国語研究所 研究報告集3』秀英出版
国立国語研究所（1995）「副詞の意味と用法」大蔵省印刷局
寺村秀夫（1991）『日本語のシンタクスと意味III』くろしお出版
宮田公治（1997）「動詞との共起関係からみた人間名詞と身体名詞―「太郎がふるえる」と「太郎の足がふるえる」―」『早稲田日本語研究』5号，早稲田大学国語学会
서정수（1996）『현대국어 문법론』한양대학교 출판원
성기철（2007）『한국어 문법 연구』글누림
손남익（1995）『국어부사연구』박이정출판사
李喆洙（1998）『国語文法論』開文社
임유종（1999）『한국어 부사 연구』한국문화사
장진아（2001）「行為要求文副詞文末表現共起関係韓・日対照研究」『日語教育』19韓国日本語教育学会
洪思滿（1988）『韓・日語比較文法論』慶北大学校出版部
홍재성（1991）「「-러」연결어미문과 이동동사」『文法I』太學社

11 敬　　　語

11.1　敬　　語

　韓国語と日本語は共に敬語法が発達している言語である．両言語は，話者・聞き手（対者）・話題の人物（素材）の関係によって敬意を表すための形式が存在し，それぞれ敬語体系を成している点で共通する．

11.2　敬語の分類

　韓国語では，敬語はふつう主体敬語，客体敬語，対者敬語の3種類に区別される．これらの敬語は主に，存在詞・指定詞を含む用言の活用において専用の文法形式を付けることによって作られるが，名詞・助詞などの語形にも現れる．
　日本語は一般に，尊敬語，謙譲語，丁寧語，美化語のように5つに分類されるが，美化語は丁寧語として分類されることもある．このうち，美化語に相当するものは韓国語には存在しない．

韓国語	日本語	
主体敬語	尊敬語	⎫ ⟶素材敬語
客体敬語	謙譲語Ⅰ 謙譲語Ⅱ（丁重語）	⎭
対者敬語	丁寧語	⎫ ⟶対者敬語
—	美化語	

　主体敬語は動作主体を高めるものであり，日本語の尊敬語に相当する．客体敬語は動作客体を高めるものであり，日本語の謙譲語に相当する．主体敬語・客体敬語はいずれも，人物（素材）に対する敬語であり，素材敬語とも呼ばれる．これに対して対者敬語は，聞き手（対者）を高めたり，低めたりするものであり，日本語の丁寧語に相当する．

11.3 主体敬語

主体敬語は，主体となる人物に対する話者の敬意表現である．韓国語では，社会的な地位より年齢の「上下関係」を優先させる傾向があるが，相手との間に一定の距離を置くという意味でも敬語は使われる．

主体敬語は，用言・名詞・助詞・接辞に現れる．

11.3.1 用言

用言の敬語形は，韓国語では語幹に補助語幹「-(으)시-」をつけることによって生産的に作られる．

(1)

用言	語幹	尊敬補助語幹	時制補助語幹	各種語尾	敬語形
가다：〈行く〉	가 +（母音語幹）	시		+ㅂ니다〈～ます〉	→가십니다
살다：〈住む〉	살 +（ㄹ語幹）	시	+었（過去）	+고〈～て〉	→사셨고
읽다：〈読む〉	읽 +（子音語幹）	으시		+지만〈～が〉	→읽으시지만

韓国語の場合，目上の人（上位者）に対しては常に敬語を用いるため，他人の前で話者の身内のことを話題にするときも敬語を用いる．話題の人物に対する話者または聞き手の関係が関与しないという点で，絶対敬語的な面が強いと言える．詳しくは 11.3.3 項で取り上げる．

(2a) 아버지는 회사에 가셨습니다.
〈お父様は会社へお出かけになりました〉
(2b) 할아버지께서 매일 아침 신문을 읽으십니다.
〈おじい様は毎朝新聞をお読みになります〉
(2c) 우리 할아버지께서 서울에 왔어요．(×) / 오셨어요．(○)
〈おじい様がソウルにいらっしゃいました〉

(2a) は，主体の「아버지」を高めるため，述語は「-(으)시-」による敬語形「가셨습니다」を使う．(2b) も同様に主体の「할아버지」を高めるため，述語は敬語形の「읽으십니다」を使う．それに，助詞も敬語形の「-께서」を用いることにより敬意の度合いを高めている．助詞の敬語形の使用は義務的ではないが，助詞が敬語形である場合は述語も必ず敬語形を使う (2c)．

用言の敬語形式が，日本語では「～(ら)れる，お(ご)～になる」などいろいろあることに対して，韓国語では「-(으)시-」一つだけである．

表 11.1 用言の敬語形式

韓国語	日本語
-(으)시-	～(ら)れる，お(ご)～になる，お(ご)～だ…

用言の「-(으)시-」による敬語形は，規則的でかつ生産的であるが，語彙的な対が存在するものもある[*1]．その具体例を (3) に示す．

(3) 마시다 〈飲む〉   － 드시다 〈召し上がる〉
　　 말하다 〈言う・話す〉－ 말씀하시다 〈おっしゃる〉
　　 먹다 〈食べる〉   － 잡수시다/드시다 〈召し上がる〉
　　 아프다 〈具合が悪い〉－ 편찮으시다 〈お加減が悪い〉
　　 있다 〈いる〉   － 계시다 〈いらっしゃる〉
　　 자다 〈寝る〉   － 주무시다 〈お休みになる〉
　　 죽다 〈死ぬ〉   － 돌아가시다 〈亡くなられる〉

11.3.2 名詞・助詞・接辞

名詞・助詞・接辞による敬語形は数の上で限られており，生産的ではない．このうち，助詞の敬語形は日本語には存在しない．

(4) ≪名詞≫
　　 나이 〈歳〉：연세 〈お歳〉　　　말 〈言葉〉：말씀 〈お言葉〉
　　 밥 〈めし〉：진지 〈ご飯〉　　　병 〈病気〉：병환 〈御病気〉
　　 사람 〈人〉：분 〈方〉　　　　　생일 〈誕生日〉：생신 〈お誕生日〉

[*1] これを交替形，特殊な尊敬形とも言う．

술〈酒〉:약주〈お酒〉　　아내〈家内〉:부인〈奥様〉
이〈歯〉:치아〈お歯〉　　이름〈名前〉:성함〈お名前〉
집〈家〉:댁〈お宅〉

(5) ≪助詞≫
-이/-가〈～が〉:-께서　　-은/는〈～は〉:-께서는
-도〈～も〉:-께서도　　-에게〈～に〉:-께

(6) ≪接頭辞≫
귀-〈貴〉:귀빈〈貴賓〉, 귀사〈貴社〉
영-〈令〉:영식〈令息〉, 영부인〈令夫人〉
옥-〈玉〉:옥고〈玉稿〉, 옥필〈玉筆〉
존-〈尊〉:존당〈(ご)母堂〉, 존의〈尊意〉

≪接尾辞≫
-님〈様〉:부모님〈ご両親〉, 선생님〈先生〉, 따님〈(お)嬢さん〉
-분〈方〉:친구분〈(お)友達〉, 형제분〈ご兄弟〉, 남자분〈男性方〉

11.3.3 絶対敬語と相対敬語

一般に，韓国語は絶対敬語，日本語は相対敬語と言われ，両言語の敬語法におけるもっとも大きな相違点として捉えている．絶対敬語とは，話題の人物が話者より上位者であれば，常に敬語を使う．例えば，韓国語では話題の人物が話者より目上の人であれば，身内であっても他人の前で高めて表現する．つまり，話題の人物と話者との関係だけで敬語表現の選択が決まる．

(7) 우리 아버지는 등산을 좋아하시고, 어머니는 여행을 좋아하십니다.
〈お父様は登山がお好きで，お母様は旅行がお好きです〉

これに対して相対敬語とは，話題の人物が聞き手または話者の身内か否かに（内外関係）よって敬語の使い方が変わってくる．例えば，日本語では話題の人物が目上の人であってもその人が話者の身内の場合は敬語を使わないし，子供でも聞き手側の身内であれば，聞き手に対する配慮が優先され子供を高めて表現する．つまり，話題の人物・聞き手・話者の関係が敬語表現の選択に関わっている．このように，韓国語と日本語とでは，話題の人物に対する敬意表現に

おいて，聞き手・話者の関わり方が違っているのである．その関係を表11.2にまとめる．

表11.2 話題の人物・聞き手・話者の関わり方

	韓国語		日本語	
話題の人物	話者より目上	話者より目下	話者側の身内	聞き手側の身内
敬語	話者の身内であっても使う	聞き手の身内であっても使わない	話者より目上であっても使わない	話者より目下であっても使う

しかし，絶対敬語と言われている韓国語においても，話題の人物・聞き手・話者の3者が何らかの関係を持っている場合は，聞き手への配慮によって敬語表現が変わる．例えば，話題の人物が話者より目上であっても，聞き手が話題の人物より目上の場合は話題の人物への尊敬表現は控える．

(8)　할아버지, 아버지는 아직 안 들어왔습니다.
　　　〈おじいさん，おとうさんはまだ帰っていません〉

(8)の話題の人物「아버지」は，話者より目上であるが，聞き手の「할아버지」が「아버지」より目上であるため，相対敬語的な配慮が働き「아버지」に対して尊敬表現を使わない．このような相対敬語的な現象が見られるのは，主に身内敬語においてである[*2]．

11.4　客　体　敬　語

動作の主体を低めることによって話題の客体(受け手)を高める表現である．中期朝鮮語には謙譲を表す文法形式があったが，現代語では語彙的な対があるだけである．敬語が語形の上に現れるのは，用言，名詞，接辞である．

11.4.1　用　　言

韓国語では，日本語の「お(ご)～する/いたす/申し上げる」という生産的な文法形式は存在せず，特定の語彙によって示される．

[*2] 職場内の敬語使いにおいては，このような相対敬語的な配慮は働かない．
　　(例) 사장님, 부장님이 오셨습니다. 〈社長，部長がいらっしゃいました〉
　　話題の人物：「부장님」，聞き手：「사장님」，話者：「平社員」

(9)　데리다〈連れる〉：모시다〈お連れする〉
　　　말하다〈話す〉：말씀드리다〈申す〉
　　　만나다〈会う〉：뵙다, 뵈다〈お目にかかる〉
　　　묻다〈聞く〉：여쭈다, 여쭙다〈うかがう〉
　　　주다〈あげる，くれる〉：드리다〈差し上げる〉

その他は，「드리다」を補助動詞とする「-아/어 드리다」の形式があり，日本語の「～して差し上げる」に相当するが，日本語ほどの恩恵的な意味はない．

(10a)　이미 알려 드렸습니다．〈すでにお伝え申し上げました〉
(10b)　어머니가 할아버지를 병원에 모시고 가셨습니다．
　　　　〈お母さんがおじいさんを病院へ連れてまいりました〉

(10a) は，「알리다〈知らせる〉＋어 드리다」の謙譲表現である．(10b) は，主体「어머니」と受け手「할아버지」が共に話者より目上であり，かつ「할아버지」が「어머니」より目上である．動作の受け手の「할아버지」を尊重し客体敬語（謙譲語）「모시다」を使い，動作主「어머니」を尊重し主体敬語（尊敬語）「가셨습니다」を用いており，客体敬語と主体敬語を同時に使い敬意表現をしている[*3]．

11.4.2　名詞・接辞
(11)　≪(代)名詞≫
　　　나〈私〉：저〈わたくし〉
　　　말〈言葉〉：말씀〈お話〉[*4]
　　　아버지〈父〉：아비（両親の前で，（子供の父親である）主人を低めて言う表現）
　　　아내〈女房〉：집사람, 안사람〈家内〉　　우리〈私達〉：저희〈わたくし達〉
(12)　≪接辞≫
　　　폐-〈弊〉：폐사〈弊社〉, 폐점〈弊店〉
　　　졸-〈拙〉：졸작〈拙作〉, 졸론〈拙論〉

---

*3　日本語は，場面によって謙譲語か尊敬語かが決まり，謙譲語と尊敬語を同時に使った敬意表現はできない．
*4　제가 드릴 말씀이 있습니다．〈わたくしが申し上げるお話がございます〉の「말씀」は客体敬語形である．

11.5 対者敬語

話者と聞き手の関係で，聞き手をどのように待遇するか（高めるか低めるか）という聞き手に対する敬語である．用言語尾によって表現され，年齢・社会的地位の「上下関係」の違いにより六つの段階に区別される．公の場面で使う格式体（formal style）とくだけた場面で使う非格式体（informal style）に大きく区別し，格式体には四つの段階，非格式体には二つの段階がある．格式体はそれぞれ異なる語尾が付くが，非格式体の語尾（-아/어）は共通している．

11.5.1 格式体

①**합니다体**：「上称，합쇼体」とも呼ばれ，改まった場で用いる．聞き手を上位者として待遇するものであるが，先生が子供に対しても使うことができる．

(13) 할머니 어떻게 지내셨습니까?〈おばあさん，いかがお過ごしでしたか？〉

②**하오体**：「中称」とも呼ばれ，成人間で軽い敬意を表す場合に使う．限られた場面で使われ，日常では非格式体の「해요体」を用いることが多い．

(14) 들어가지 마시오.〈入らないでください-指示-〉

③**하게体**：「等称」とも呼ばれ，主に目下の相手に使うが，すでに成人しているため大人として待遇する場合に用いる．

(15) 자네도 어서 앉게.〈君もどうぞ座って〉

④**해라体**：「下称，ぞんざい体」とも呼ばれ，聞き手にまったく敬意を払わない表現であり，親しい友人間で使う．

(16) 저기 버스가 온다.〈バスが来たよ〉

11.5.2 非格式体

①'**해요体**：「敬体，略待丁寧形」とも呼ばれ，広く聞き手を目上として扱う表現であるが，日常では「합니다体」と併用するのが普通である．

(17) 내일 한국에 가요.〈明日韓国へ行きます〉

②'**해体**：「略体普通形，반말」とも呼ばれ，広く聞き手を目下・同等として扱う表現である．

(18) 먼저 먹어.〈先に食べて〉

対者敬語の語尾を「하다」の活用形を用いてまとめる．このうち，各文体の

表11.3 対者敬語の分類と語尾

		平叙形	疑問形	命令形	勧誘形
格式体	①	합니다	합니까	하십시오	하시지요
	②	하오	하오	하오/하시오	합시다
	③	하네	하나/하는가	하게	하세
	④	한다	하느냐/하니	해라	하자
非格式体	①'	해요	해요	해요	해요
	②'	해	해/하지	해	해/하지

中で活用形が同じものは,イントネーションなどによって区別される(②, ①', ②').

[姜英淑]

発展的課題

1. 次の文を韓国語ではどのように表現するかを考えてみよう.
   (1) 欲しかった帽子を父に買ってもらいました.
   (2) 申し訳ございませんが,今回は辞退させていただきたく存じます.

2. 次の文を正しく直してみよう.
   (1) 어머니께서는 책을 많이 읽어요.
   (2) 아버지께 선물을 주었습니다.

【参考文献】
安秉禧(1989)「敬語の対照言語学的考察」『講座日本語学9 敬語史』明治書院
梅田博之(1977)「朝鮮語における敬語」『岩波講座 日本語4 敬語』岩波書店
荻野綱男ほか(1990)「日本語と韓国語の聞き手に対する敬語法の比較対照」『朝鮮学報』第136輯,朝鮮学会
韓美卿(1989)「韓国語の敬語の用法」『講座日本語学12:外国語との対照Ⅲ』明治書院
白同善(1993)「絶対敬語と相対敬語:日韓敬語法の比較」『世界の日本語教育』第3号,国際交流基金日本語国際センター
湯谷幸利(2005)『日韓対照言語学入門』白帝社
梅田博之(1989)「경어에 관한 한일 대조 연구:절대경어와 상대경어(敬語における韓日対照研究:絶対敬語と相対敬語)」『日本学誌』第10輯,啓明大学国際学研究所
서정수(ソ・ジョンス)(1984)『존대법 연구(尊待法研究)』한신문화사(ハンシン文化社)

12 日韓同形異義語

　日韓の間で，もともとは「同形同義」であった漢語が，時代の変遷とともに意味・用法に微妙な違いが生じたり，またはすっかり違ってきたりする場合がある．ここでは，韓国における漢字・漢語の位置づけ，日韓同形異義語の調べ方，また，日韓同形異義語の様相などを通じて，字面は同じであるがその意味・用法の異なる「日韓同形異義語」について論じる．
　さらに，最後に「日韓同形異義語」のリストを付した．

12.1　韓国における漢字・漢語

　日本と韓国は漢字文化圏の国だが，韓国では日常的に漢字の使用は極力抑えられており，テレビはもちろんのこと，新聞・雑誌でもほとんど使われていない．
　韓国では，1948 年に「ハングル専用法」が制定され，公文書における文字はハングルのみに限定された．公文書や教科書においては，漢字の使用はハングルの後ろにカッコにくくって表記する「併用」方式に制限されることとなった．そのあと，1970 年以降，教科書から漢字が排除され，「국어사랑 나라사랑〈国語を愛することが国を愛すること〉」というスローガンのもと，日常から漢字と外来語が排除されるようになった．
　一方で，1972 年には「漢文教育用基礎漢字」（約 1800 字）を定め，中学校および高等学校の「漢文」の教育の一環として漢字教育を復活させた．
　現在，漢字教育は初等学校（日本の小学校に当たる）では一切行われておらず，中・高校でも「国語」ではなく「漢文」という別の科目を設けて教えているのみで，漢字教育は非常に貧弱であると言える（李丁錫 2002）．
　このように，韓国で日常の漢字使用はほぼ形骸化してしまっているが，現に韓国語辞書に載っている語種を調べてみると漢字語の割合はほぼ 6，7 割にも及んでいる．

12.2　日韓同形異義語の調べ方

　日韓同形異義語の意味・用法を調べるにあたり，日韓両国の国語辞典を参考にすべきであるが，韓国の国語辞典は語釈の記述に日本の国語辞典の語釈をそのまま引用したり，ひいては漢字語ばかりでなく純粋な固有語の語釈までも日本の国語辞典を孫引きしたりすることが多々あった．

　さらに，語釈の並び順も使用頻度順や歴史的変遷順などの基準がはっきりしない場合が多いため，辞書の語釈だけに頼って韓国語の意味・用法を調べるのには限界がある．

　たとえば，『国語大辞典』（民衆書館．1992 年）の「팔방미인〈八方美人〉」には，
　①どの点から見ても美しい美人．
　②だれに対しても如才なくふるまう人．
　③いろんなことに長けている人．
　④何事にも少しずつ手を出す人．
とある．この語釈は『広辞苑』の「八方美人」の次の語釈の影響が見え隠れする．
　①どの点から見ても欠点のない美人．
　②だれに対しても如才なくふるまう人を軽んじていう語．

　しかし，韓国語において，①②の意味・用法はほとんどなく，もっぱら③の「いろんなことに長けている人」の意味としてだけ使われるのが現状である．

　ということで，日韓同形異義語を調べるためには，従来日本語・韓国語のそれぞれについて正確な意味・用法は言うまでもなく，語感や意味の強さの度合い，意味範疇の変化等について熟知することが求められる．

　実際，インターネットで韓国語の「八方美人」の用例を調べてみると，ほとんどが③の意味として使われていることがわかる．結局，韓国語の国語辞典は実際のことばの使用実態を反映できていない場合が多いので，注意する必要がある．

12.3　日韓同形異義語の様相

　日本と韓国に漢字・漢語が伝わってからほぼ二千年近くも経ち，中国語の漢語は日本語と韓国語に組み込まれて独自の発展を遂げてきた．日韓の間で，そ

の意味・用法は変わってきている．しかし，そのずれに気がつかず，辞書や書物の翻訳などにおいても間違いが散見される．

ここでは，日韓同形異義語でずれが生じている原因を中心として調べてみることにする．

12.3.1 マイナス的な意味とプラス的な意味

ことばの中には，表す意味がプラス的なものあれば，マイナス的なものもある．例えば「行脚」の場合，「仏道修行のために，僧侶が諸国を歩き回ること」という意味は韓国語の「행각〈行脚〉」と変わらないが，「ある目的で諸地方を巡り歩くこと」は韓国語とずれがある．韓国語の「행각〈行脚〉」は泥棒，詐欺，強盗など犯罪を繰り返すことを意味することもある．

12.3.2 書き言葉と話し言葉

漢語の中には，「祈禱」，「波濤」，「付託」などのように韓国では話し言葉で使われるが，日本語においては，書き言葉としてだけ使われるものもある．

たとえば，日本語の「祈禱」は「神仏の加護を願い，言葉によって除災増福を祈ること．」（『大辞泉』）であるが，韓国語の「기도〈祈禱〉」は日本語の「祈り」と同じく「神仏に請い願うこと」である．有名なピアノ曲の「乙女の祈り」は韓国では「소녀의 기도〈少女の祈禱〉」と言う．

12.3.3 意味範疇の違い

日韓両国語の漢語の中には，表す対象が異なる場合がある．

たとえば「点心」は，

①昼食の前に，一時の空腹をいやすためにとる軽い食事．転じて，禅家で，昼食のこと．

②茶会などの茶請（ちゃうけ）．茶菓子．

③中国料理で，食事代わりの軽い食物．また，料理のあとに出る菓子．（『大辞泉』）

とあるが，韓国語の「点心」は「昼食」のことである．また近年，③の意味では「딤섬ティムソム」と中国音で表すこともある．

なお，「饅頭」は日本語では「小麦粉などを練って作った皮（生地：きじ）

で小豆餡などの具を包み，蒸した菓子．」あるが，「만두〈饅頭〉」は「ギョウザ」のことである．

12.3.4　具体的な物事と抽象的な物事

「充満」は，「煙が室内に充満する」，「民衆の間に不平が充満する」などの用例からわかるように「一定の空間などに，あるものがいっぱいにみちる」という意味である．しかし，韓国語の「충만〈充満〉」は煙などの目に見える具体的なものには使わず，また，抽象的なものを表す場合も，活気・感謝・喜ぶ・恩恵などのプラス的な感情で満ち溢れることを表す．

他に「転落」，「乱雑」などの言葉も韓国語においてはいずれも抽象的な事柄を表す．

12.3.5　同音による書き換え

日本語において，同音の別の漢字に書き換えるための指針である「同音の漢字による書き換え」や「代用字」などによって，「当籤」と「当選」，「落伍」と「落後」，「掩護」と「援護」などのように元々異なる意味の熟語が混同される例がある．これらの語は韓国語においては，「당첨〈当籤〉」と「당선〈当選〉」，「낙오〈落伍〉」と「낙후〈落後〉」，「엄호〈掩護〉」と「원호〈援護〉」という具合に発音も意味も異なる「異音異義語」であるため，日本語とのずれができてしまった．

たとえば，韓国語の「당첨〈当籤〉」は「選にあたること．選び出されること．」であり，「당선〈当選〉」は「選挙によって選び出されること．」である．また，「엄호〈掩護〉」とは，敵の攻撃から，味方の行動を守ること」であり，「원호〈援護〉」とは，「困っている人を助け守ること」である．

12.3.6　新しい意味の追加

ことばは生き物であり，意味・用法が固定しておらず，古い意味・用法がなくなったり，逆に新しい意味・用法ができたりする．近年，韓国語の「문자〈文字〉」には「携帯電話のメール」，「포장〈包装〉」には「持ち帰り．テイクアウト」，「점〈点〉」には「（メールアドレスの）ドット」の意味が新しくできた．

新しいことばの意味は一般に広く使われても辞書に載るまでにはだいぶ時期

を待たなければならないので，注意が必要である．

12.3.7　和語の漢語化

「入口」,「割増」,「貸切」,「長靴」などの和語は，漢字で表記されることから，「입구〈入口〉」,「할증〈割増〉」,「대절〈貸切〉」,「장화〈長靴〉」という具合に，それを韓国の字音読みによって漢語として受け入れられた．その数はとても多く，「ベントウ」「フミキリ」「ワリバシ」などの日本語が「국어순화〈国語醇化〉」という名の下で排除されてきている反面，漢語に化けた日本語起源のことばは根を下ろしている．

ところで，漢語化したことばの中には元の日本語の意味とずれが生じたものがある．例えば，「貸切」は「乗り物や施設・場所などを，ある一定の期間，その人・団体の専用として貸すこと（『大辞泉』）」であるが，韓国語の「대절〈貸切〉」は「バスやタクシーなどの乗り物を専用として貸すこと」だけの意味で，施設や場所を貸すのは「전세〈専貰〉」という韓国起源の漢語を使う．

他に，日本語の「浮気」とむくみの意味を持つ韓国語の「부기〈浮気〉」のように，もともと何のつながりもない語がたまたま一致することで，誤解をもたらす場合もある．

12.4　日韓同形異義語リスト

日韓の同形異義語は科学用語などを除いては，いずれも幾分のずれはある場合が多く，すべての面において意味・用法が一致するとは限らない．ここでは同じ字面を持っていながら，日韓で，その意味・用法が異なるものを中心として，その異同を調べてみることにする．

※太字は韓国語だけの意味・用法である．

	日本語	韓国語	備考
愛人	アイジン：特別に深い関係にある異性．情婦．情夫．	애인：**恋人**．	中国語の「愛人」は夫・妻・連れ合い・配偶者（飛田・呂 1989）．
行脚	アンギャ：徒歩で諸国を旅すること．	행각：**方々を歩き回りながら犯罪を犯すこと**．	韓国語の「行脚」はおもにマイナス的な事柄を表す．

	日本語	韓国語	備考
安否	アンピ：無事かどうかということ．	안부：**近況．消息．**	「안부〈安否〉」は元気に過ごしているかどうかということ．
一味	イチミ：一種類の材料「ーとうがらし」	일미：**美味．**	韓国語では魚の頭が美味しいということで「어두일미〈魚頭一味〉」という言葉もある．
慇懃	インギン：①礼儀正しく，丁寧なこと（さま）．②親しい交わり，よしみ．③男女の情交．	은근：①②③の意味はない．④**表には出さないが奥ゆかしいさま．**	
飲食	インショク：飲んだり食べたりすること．	음식：**食べ物．料理．**	
宇宙人	ウチュウジン：①SFなどで，地球以外に存在すると考えられている人間型の知的生命体．②あまりにも常識から逸脱している人を比喩的にいう語．	우주인：①と同じ．②の意味はない．③**宇宙飛行士．**	
可憐	カレン：いたわりたくなるようすである・こと（さま），いじらしく，かわいい・こと（さま）．	가련：（身の上が）**気の毒なさま．哀れなさま．**	
課外	カガイ：定められた学科・課業以外のもの．	과외：**学校の授業以外の家庭教師や塾での勉強．**	
貸切	カシキリ：乗り物や施設・場所などを，ある一定の期間，その人・団体の専用として貸すこと．	대절：**タクシーやバスなどの乗り物を貸すこと．**	施設や場所の貸切は「대절〈貸切〉」と言わず，「전세〈専貰〉」と言う．
気合	キアイ：①あることに精神を集中してかかるときの気持ちの勢い．また，それを表すかけ声．	기합：①と同じ．②**しごき．**	
祈禱	キトウ：神仏にその加護・恵みを求めて祈ること．また，その祈り．	기도：**お祈り．**	「기도〈祈禱〉」は話し言葉．
境遇	キョウグウ：その人の置かれた環境や身辺の諸事情．身の上．	경우：**場合．**	
工夫	クフウ：①いろいろと考えて，よい手段を見いだすこと．また，考え出した方法・手段．	공부：**勉強．**	中国語は①費やされる時間②空いている時間③ある特定の時間④学問の深い知識や技芸のすぐれた技量などの意味．
交代	コウタイ：①ある周期で人が代わり合うこと②何らかの理由によって人が入れ替わること	교대：①と同じ．②は「교체〈交替〉」と言う．	

12.4 日韓同形異義語リスト

	日本語	韓国語	備考
乞食	コジキ：金銭・食べ物などを人からもらって生きていくこと．また，その者．	걸식:物乞いをすること．	「걸식〈乞食〉」には「ものもらい」の意味はない．
砂糖	サトウ：〈略〉	사탕：キャンディ．飴．	「砂糖」は「설탕〈雪糖〉」と言う．なお,中国語の「砂糖」は「結晶が大きく，砂粒大の砂糖．ざらめ糖．」
子息	シソク：むすこ．男の子．他人の子をいう語．	자식：息子と娘．	
寸志	スンシ：①少しの気持ち．わずかの厚意．自分の気持ちをへりくだっていうことが多い．	촌지：①と同じ．②記者や教師に渡す現金．	近年の「촌지〈寸志〉」は賄賂性が強い．
生鮮	セイセン：肉・野菜などが新しくいきいきしている・こと（さま）．	생선：(食料とする) 魚．	「生鮮食品」は「신선식품〈新鮮食品〉」と言う．
長老	チョウロウ：①年長の人．学徳のある人．	장로：①の意味はない．②教会の名誉職．	
投書	トウショ：①意見・批判・苦情・希望などを書いて関係機関に送ること．②「投稿」に同じ．	투서:①とはずれがある．「투서〈投書〉」は密かに人の悪行などを書いてマスコミや関係機関に告発すること．②の意味はない．	「투서〈投書〉」にはマイナス的なイメージがある．
唐突	トウトツ：前触れもなくだしぬけに物事を行なって不自然であるさま．不意．突然．	당돌：(目上の人に対して) 身の程を知らず，生意気なさま．僭越．	
内外	ナイガイ：①うちとそと．②国内と国外．③数量・時間を表す語の下に付いて，だいたいその見当であることを示す．	내외：①②③と同じ．④夫婦．夫妻．	夫婦の意味の「내외〈内外〉」は庶民から大統領まで，幅広く使われる．
人参	ニンジン：①セリ科の越年草．②チョウセンニンジンの別名．	인삼：①の意味はない．②と同じ．	ニンジンは「당근〈タングン唐根〉」，「홍당무〈ホンダンム紅唐ム〉」と言う．
百姓	ヒャクショウ：農業で生活している人．	백성：民．民衆．国民．	「백성〈百姓〉」には「農夫」の意味はない
奮発	フンパツ：①気力をふるいおこすこと．②思い切って金を出すこと．	분발：①と同じ．②の意味はない．	
平生	ヘイゼイ：ふだん．つねひごろ．平素．平常．	평생：一生．生涯．	
弁明	ベンメイ：①自分の言行などを説明し，相手の理解を求めること．弁解．釈明．②説明を加えて事理を明らかにすること．	변명：①②の意味はない．③言い訳．弁解．	

	日本語	韓国語	備考
待合室	マチアイシツ：駅や病院などで、列車や診察を待つための部屋．	대합실：駅やターミナルなどの客の待つ部屋．	病院の待合室は「대기실〈待機室〉」と言う．
饅頭	マンジュウ：小麦粉などを練って作った皮（生地：きじ）で小豆餡などの具を包み、蒸した菓子．	만두：**餃子**．	
有志	ユウシ：一緒に物事を行おうとする気持ち．また，その気持ちのある人々．	유지：**地域社会で高名で影響力のある人**．	
洋服	ヨウフク：西洋で起こり発達した衣服．西洋風の衣服．現在，日本で常用されている，背広・ズボン・ブラウス・スカートなど．	양복：**背広**．	
和合	ワゴウ：①うちとけて仲よくすること．②結婚すること．男女が性のいとなみをすること．③混ぜ合わせること．	화합：①③は同じ．②の意味はない	

[曺喜澈]

発展的課題

1. 「日韓同形異義語」の意味・用法の違いはどんな様相なのか．
2. 近年，韓国で新しい意味・用法ができている漢語にはどんなものがあるか．

【参考文献】
李于錫（2002）『韓日漢字語の品詞性に関する対照研究』p.24，J＆C
王永全他（2007）『日中同形異義語辞典』，東方書店
曺喜澈（1991）「日韓同形異義漢語の語義と用法の相違」近代語研究会編『日本近代語研究1』，ひつじ書房
曺喜澈（1994）「漢字系学習者のための漢字教育のあり方」『世界の日本語教育』4号，国際交流基金日本語教育センター
飛田良文，呂玉新（1989）『日本語・中国語意味対照辞典』p.11，南雲堂

13 親族語彙

13.1 親族語彙

　親族語彙はそれぞれの言語で体系的で対照しやすいため，語彙研究の分野で早くから注目されてきた．親族語彙を親族名称（親族を指し示すときに用いる語）と親族呼称（親族に呼びかけるときに用いる語）に分けて[*1]，日本語と韓国語とを対照してみよう．

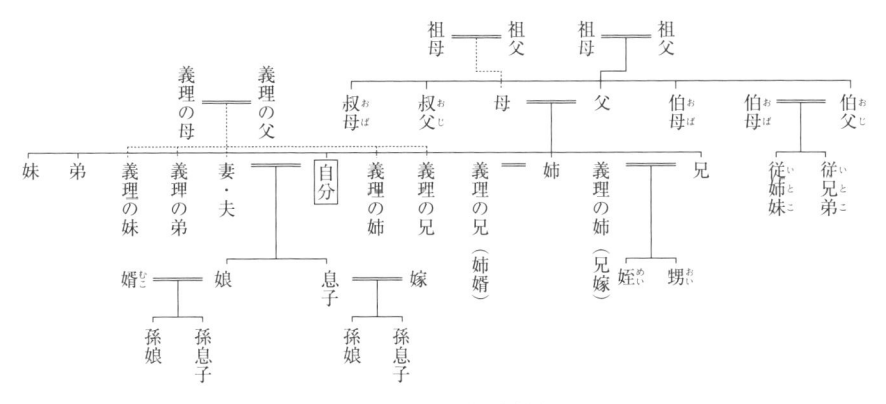

13.2 現代日本語の親族名称

　現代日本語の親族名称は図13.1のようになっている．この図は，『大辞林（第3版）』にある図を参考に，韓国語との対照を考慮して作成したものである．

図 13.1　現代日本語の親族名称

　沖森編（2012）でも述べられているとおり，日本語の親族名称は体系的である．例えば，「ちち－じじ（ぢぢ）－おじ（をぢ）」「はは－ばば－おば（をば）」はそれぞれ「ち」「は」が，「あに－あね」「おとうと－いもうと」はそれぞれ「an」

[*1]　この用語の使い分けは沖森他（2011）による．韓国では，指し示すときに用いる語を指称，呼びかけるときに用いる語を呼称といって区別する．

「うと（＝人）」が共通で，「むすこーむすめ」は「むす」が共通である．

一般的には，このように世代・上下・性別によって区別される．ただし，孫以下の場合，「孫息子」「孫娘」と区別できないわけではないが，単に「孫」と言うことも多く，性別による区別がはっきりしない．柴田（1982）は，その理由を，孫以下は出産にまだ関係ないからだと説明する．ちなみに，「息子」「娘」も性別を明らかにせず「子」「子ども」と言うことも可能であり，「いとこ」の場合は漢字を用いないと上下も性別も分からない．

語種でいえば，「祖父」「祖母」が漢語であることを除くと，ほぼ和語（固有語）から成っている．もちろん，「義理の父」「義理の母」を「岳父・義父」「岳母・義母」，「義理の兄」「義理の姉」「義理の弟」「義理の妹」を「義兄」「義姉」「義弟」「義妹」のように漢語で表すことも可能ではある．

実際には，世代・年齢や場面などによって，さまざまな語形が用いられる．例えば，父親を「父」「父親」「親父」「パパ」，母親を「母」「母親」「おふくろ」「ママ」，兄を「兄」「兄貴」，姉を「姉」「姉貴」などと言うこともある．

配偶者を指す言葉も多様である．「夫」を指す言葉に「主人」「亭主」「旦那」「宅」など，「妻」を指す言葉に「女房」「家内」「家人」「細君」「かみさん」「かかあ」「山の神」などがある．

自分の親族を指す言葉と他人の親族を指す言葉が異なるのも，日本語の特徴である．礼儀正しい言葉づかいとしては，自分の親であれば「両親」「親」「父」「母」，他人の親であれば「ご両親」「親御さん」「お父様/お父さん」「お母様/お母さん」と言う．また，自分の子であれば「子」「子ども」「息子・せがれ」「娘」と言い，他人の子であれば「お子様/お子さん」「息子さん・お坊ちゃん・ご子息・ご令息」「娘さん・お嬢様/お嬢さん・ご令嬢」と言う．ただし，最近はこのような区別も少しずつ失われつつある．人前でも「お父さん・パパ」「お母さん・ママ」などと言うこともある一方，「豚児・愚息」などの極端な謙譲表現はあまり使われなくなっている．

社会的な変化やテレビの影響も無視できない．例えば，夫婦の力関係を反映したものであろうが，本来は他人の妻を指す言葉だった「奥さん」を自分の妻に用いる人が増え，おそらくはテレビの影響と思われるけれども，親のことを「おとん」「おかん」，妻のことを「嫁」と言う人も増えている．

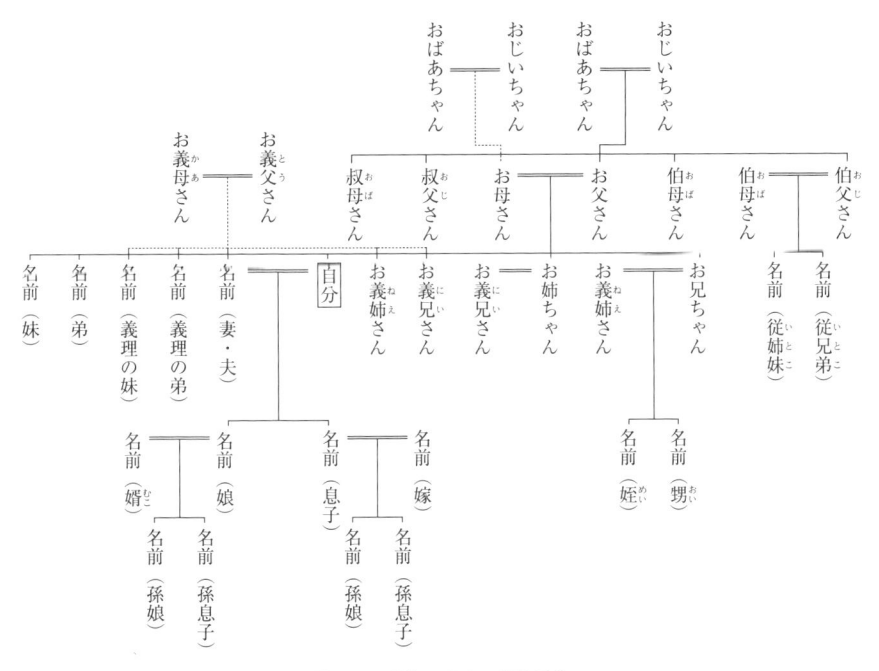

13.3 現代日本語の親族呼称

現代日本語の親族呼称は図13.2のようになっている．

図 13.2 現代日本語の親族呼称

沖森編（2012）でも述べられているとおり，日本語の親族呼称は親族名称と大きく異なる．図13.1と図13.2を見比べてみると，親族名称と親族呼称が完全に一致するものは一つもない．

鈴木（1973）は，日本語の特徴として，次のような事実を明らかにした．自分より目上の親族に対しては名前でなく親族呼称を用いて呼びかけ，二人称を用いることができない反面，自分より目下の親族に対しては親族呼称でなく名前で呼びかけ，二人称を用いることができる．例えば，自分より目上の親族である親に対しては「波平」「フネ」のように名前でなく「（お）父さん・パパ」「（お）母さん・ママ」のように親族呼称で呼びかけ，「あなた」「お前」のように二人称を用いない反面，自分より目下の親族である子どもに対しては「息子」「娘」

のように親族呼称ではなく「カツオ」「ワカメ」のように名前で呼びかけ，「あなた」「お前」のように二人称も用いる．

　もちろん，このような使い分けが絶対的というわけではない．石黒(2013)は，時代の流れによって変化が見られることを指摘している．例えば，兄弟姉妹の間では互いに名前で呼び合う家庭も増えてきており，目上である兄や姉に対しても名前を用いる場合がある．読売新聞社会部編（1977）は家族間の呼びかけの言葉などを詳細に調査し，以前は親に対して「あなた」と言うのも普通であったという意見も紹介している．

　実際の会話や文章の中で多様な表現が用いられるのは，親族呼称においても，親族名称の場合と同様である．すべての日本の家庭，すべての日本語話者が，図のとおりに話しているわけではないことも，言うまでもない．

13.4　現代韓国語の親族名称

　韓国語の親族語彙は非常に複雑で，そのすべてを論じることはできないため，簡略化して論じざるをえない．詳細は국립국어원（2011）等を参照されたい．

　現代韓国語の親族名称は図13.3のようになっている．実際には聞き手が誰かに応じてさまざまな語形を使い分けなければならないのだが，図には表れていない語も含め，韓国語の親族名称を日本語の親族名称と比べて顕著な特徴をいくつか挙げてみる．

　まず，直示の基準となる人の性別によって親族名称が異なる．例えば，直示の基準となる人が男性であれば「兄（형）」(兄)・「누나」(姉)と言うのに対し，直示の基準となる人が女性であれば「오빠」(兄)・「언니」(姉)と言う．直示の基準となる人とは，話し手の場合もあり，聞き手の場合や第三者の場合もある．つまり，誰の兄弟について話しているかということである．

　婚姻によって生じる親族関係を表す名称が複雑かつ多様である．日本語でも直示の基準となる人の性別によって配偶者の親族名称は異なるが[*2]，韓国語ではもっと幅広く使い分けがなされる．直示の基準となる人が男性であれば「丈人（장인）」(岳父)・「丈母（장모）」(岳母)・「妻男（처남）/兄（형）님」(妻

---

*2 「舅（しゅうと）」「姑（しゅうとめ）」は配偶者の両親を指す共通の言葉だが，「岳父」「岳母」は妻の両親のみを指す言葉である．

13.4 現代韓国語の親族名称

の兄)・「妻兄（처형）」（妻の姉)・「妻男（처남）」（妻の弟)・「妻弟（처제）」（妻の妹）と言うのに対し，直示の基準となる人が女性であれば「시아버지」（舅)・「시어머니」（姑)・「아주버님」（夫の兄)・「시누이/兄（형）님」（夫の姉)・「시동생（동생)/도련님」（夫の弟)・「시누이/아가씨」（夫の妹）と言う．

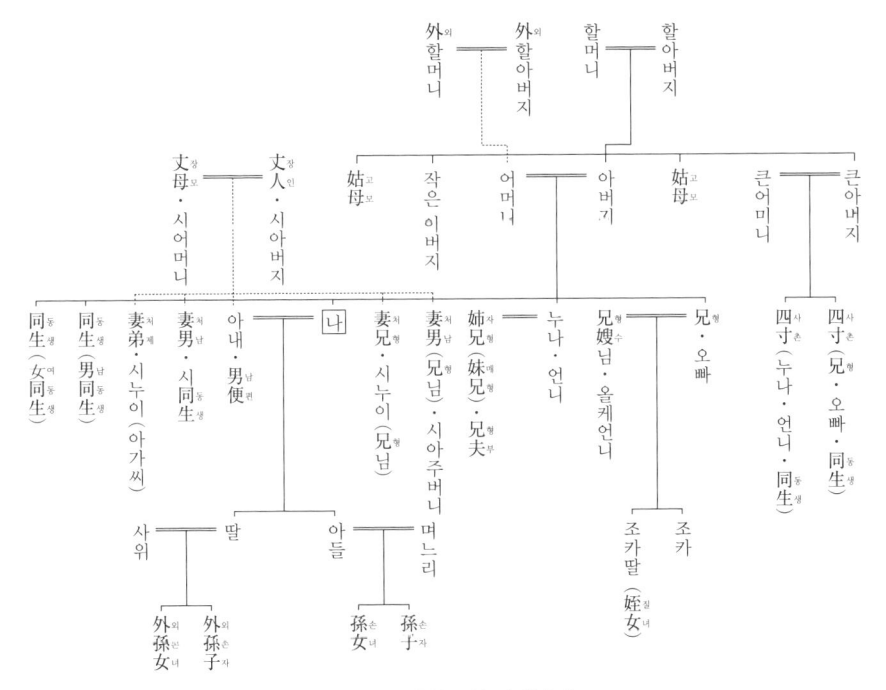

図 13.3 現代韓国語の親族名称

直示の基準や対象の性別によって語形が異なるだけでなく，不均衡な場合がある．男性の目上の兄弟に対しては「兄（형）님」*3（兄）や「누님」（姉）のような敬語形がある．一方，女性の目上の兄弟の場合，「오빠」（兄）の敬語形「오라버니/오라버님」はあっても，「언니」（姉）の敬語形はない．また，夫の両親を高める場合は「시아버님/아버님」（舅)・「시어머님/어머님」（姑）と言う

---

*3 「兄（형）님」という語の用法は独特である（신재기 외 2010）．第一に弟から見た「兄」に対する敬語であるが，第二に年上の「妻の兄」，第三に「夫の姉」，第四に「夫の兄の妻」を指す．図からも分かるとおり，「兄」「弟」「姉」「妹」という漢字の使い方が日本語と異なる部分があるので，注意を要する．

のに対して，妻の両親を高める場合は「丈人（장인）어른」（岳父）・「丈母（장모）님」（岳母）と言う．「-님」は日本語の「〜様」にあたる一般的な敬称で，「어른」は「大人」という意味の名詞である．

性別と関連して，次のような区別もある．父方の祖父母は「할아버지」（祖父）・「할머니」（祖母），母方の祖父母は「外（외）할아버지」（外祖父）・「外（외）할머니」（外祖母）と言い，父の兄弟は「큰아버지」（伯父）・「작은아버지/三寸（삼촌）」（叔父）・「姑母（고모）」（伯母・叔母），母の兄弟は「外三寸（외삼촌）」（伯父・叔父）・「姨母（이모）」（伯母・叔母）と言う．また，息子方の孫は「孫（손）주」（孫）・「孫子（손자）」（男の孫）・「孫女（손녀）」（女の孫），娘方の孫は「外孫（외손）주」（外孫）・「外孫子（외손자）」（男の外孫）・「外孫女（손녀）」（女の外孫）と言う．男系の父方・息子方が無標であるのに対し，女系の母方・娘方には「外（외）-」を付けて有標であることを表す．父の兄弟は伯父と叔父を区別するが伯母と叔母を区別しないのに対して，母の兄弟は伯父と叔父も伯母と叔母も区別しない．

目上の場合と目下の場合を比べても不均衡に見える．前述したとおり，目上の兄弟に対しては直示の基準や対象の性別によって区別するが，目下の兄弟に対しては「同生（동생）」（弟・妹）の一語でよく，性別を明らかにするときに「男同生（남동생）」（弟）・「女同生（여동생）」（妹）といって区別する．

語種でいえば，漢語が多いのも特徴である[*4]．ただし，すべての漢語が中国語から入ったわけではない．例えば，「-寸（촌）」（〜親等）を用いた「三寸（삼촌）」（叔父）や「四寸（사촌）」（いとこ）などは韓国で作られた漢語だという．

13.5　現代韓国語の親族呼称

現代韓国語の親族呼称は図13.4のようになっている．韓国語では，日本語と違って，親族名称をそのまま親族呼称として使える場合が多い．親族呼称の特徴的な点に焦点を当てて見てみよう．

夫婦の間の呼称は，お互いに「여보」（ねえ，おい）または「○○씨」（○○さん）と名前で呼ぶのが礼儀とされる．

[*4] 長田（2000）を見ると，日本語の親族名称として「姑父」「姨父」「姑母」「姨母」などの漢語が挙げられている．

13.5 現代韓国語の親族呼称

「書房（서방）」は官職のない人の姓の後に付けて「～さん」にあたる意味を表す語であるが，同じように姓の後に付けて義父が婿を呼ぶときや兄が妹の夫を呼ぶときにも用いる．

また，日本語と大きく異なるのは，目下の親族に対しても親族語彙を用いることができる点である．例えば，「아들」（息子）・「同生（동생）」（弟）・「조카」（甥・姪）などを呼称として用いることがある．

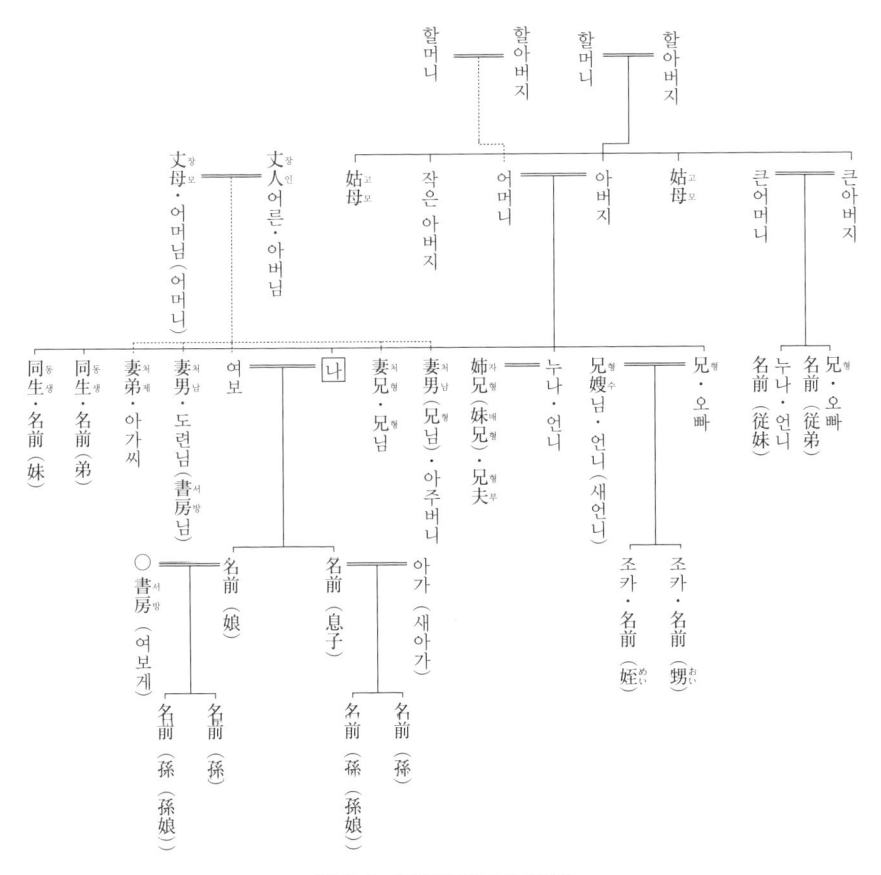

図 13.4 現代韓国語の親族呼称

13.6　親族呼称の虚構的用法

　親族呼称の虚構的用法とは，親族呼称を本来の対象以外の人に対して用いるものである．

　日本語の場合，例えば，自分の祖父母でない老人に対して「おじいさん」「おばあさん」と話しかけたり，自分の親族でない中年の人に対して「お父さん」「お母さん」または「おじさん」「おばさん」と話しかけたりすることがある．また，年配の人が若い店員に対して「お兄さん」「お姉さん」と呼びかけることもある．

　韓国語の場合も，同様に，自分の祖父母でない老人に対して「할아버지」（おじいさん）・「할머니」（おばあさん）と話しかけたり，自分の親族でない中年の人に対して「아저씨/三寸(삼촌)」（おじさん）・「아주머니(아줌마)/姨母(이모)」（おばさん）と話しかけたりすることがある．ただ，自分の両親以外に「아버지」（お父さん）・「어머니」（お母さん）とは言わない．一方，自分の兄弟でない少し年上の人を「兄(형)/오빠」（お兄さん）・「누나/언니」（お姉さん）と呼ぶことは日本より多いように思われる．また，年配の男性が若い女性の店員に対して，本来は妹から姉への呼称である「언니」（お姉さん）を用いることがあるのは，興味深い用法である（국립국어원 2011）．

　そして，妻が夫を「お父さん/パパ」と呼んだり，夫が妻を「お母さん/ママ」と呼んだりするのも，一種の虚構的用法である．韓国語では，子どもの名前を使って，妻が夫を「○○ 아빠」（○○のパパ）のように呼ぶのが一般的であったが，最近では単に「아빠」（パパ）と呼ぶことも増えている（심재기 외 2010, 국립국어원 2011）．

13.7　親族語彙の変遷

　言語の中で語彙は移ろいやすいものである．親族語彙も決して例外ではない．それどころか，短い期間の中でも大きく変わることがある．

　代表的な例として，日本語の「お父さん」「お母さん」なども，明治時代以降に定着した表現だと言われる．

　上で述べたとおり，韓国語では父方・母方など性別による区別が顕著である．しかし，それは中国語の影響を受けたものであり，韓国固有の語彙体系では父系と母系の区別をしていなかったのではないかとも言われる（李基文 1991）．

現在は妹から見て姉を指す「언니」（お姉さん）も，20世紀の資料にはじめて現れる新しい語で，本来は兄も姉も指す語であった（박지홍 1987, 심재기 외 2010）．

[**吉本一**]

発展的課題

1. 本文や図に現れていない日本語と韓国語の親族語彙について調べてみよう．

2. 日本語と韓国語の親族語彙について，共通点と相違点を整理してみよう．

【参考文献】
石黒圭（2013）『日本語は「空気」が決める』光文社
沖森卓也他（2011）『図解日本の語彙』三省堂
沖森卓也編著（2012）『語と語彙』朝倉書店
長田徳三（2000）『対人呼称』文芸社
柴田武（1982）「現代語の語彙体系」『現代の語彙』明治書院
鈴木孝夫（1973）『ことばと文化』岩波書店
松村明編（2006）『大辞林（第3版）』三省堂
読売新聞社会部編（1975-1977）『日本語の現場（全4巻）』読売新聞社
국립국어원（2011）『표준 언어 예절』국립국어원
박지홍（1987）『우리말의 의미』과학사
심재기 외（2010）『국어 어휘론 개설』지식과교양
李基文（1991）『國語 語彙史 研究』東亞出版社

14 類義語

14.1 類義語とは

同じような意味を表す語のことを類義語といい,そのような語同士の関係を類義関係(類似関係)という.同義語・同意語や同義関係・同意関係などの用語が使われることもあるが,厳密に言うと二つ以上の語が完全に同じ意味を表すことはありえないため,少なくとも学術的には類義語や類義関係(類似関係)のほうが一般的である.

14.2 類義関係の分類

沖森編(2012)にしたがって,類義関係(類似関係)を次のように大きく四つに分類してみることにしよう.

下の図は,沖森編(2012)の図に韓国語の例を加えたものである.以下では,これに沿って,日本語と韓国語の類義語を概観する.

分類		(a) 等価関係 X Y	(b) 包摂関係 X Y	(c) 共通関係 X Y	(d) 隣接関係 X Y
例	日本語	昼食・ひるごはん 母・おかあさん・ママ 捨てる・ほかす	起きる・起こる 貯金・預金 くるま・自動車	いえ・うち おもしろい・おかしい あがる・のぼる	生徒・学生 軽震・弱震 かたな・つるぎ
	韓国語	中食 (중식)・點心 (점심) 어머니・어머님・엄마 버리다・번지다	있다・存在 (존재) 하다 貯金 (저금)・預金 (예금) 車 (차)・自動車 (자동차)	家庭 (가정)・食口 (식구) 우습다・웃기다 먹다・마시다	學生 (학생)・生徒 (생도) 輕震 (경진)・弱震 (약진) 낫・도끼

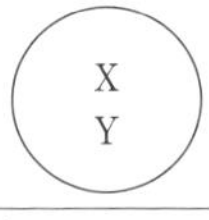

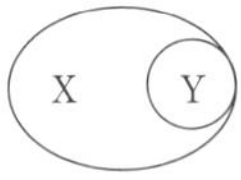

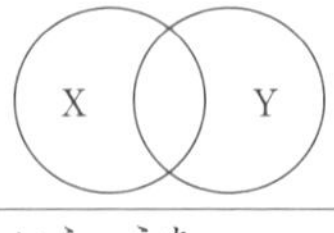

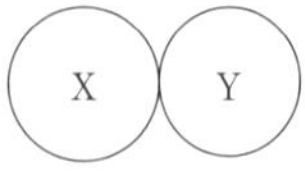

図 14.1 類義関係

14.3 等 価 関 係

等価関係とは類義語の意味領域がほぼ重なり合う関係のことをいう．ただし，類義語同士が指す事物・動作・状態などはたとえ同一であっても，次のような点で何らかの違いがあるのが普通である．

14.3.1 語感やニュアンスの違い

第一に，語感やニュアンスの異なる類義語がある．例えば，語種でいうと，和語は柔らかい感じや古風な感じを伴うのに対し，漢語は硬い感じ，外来語は新しい感じを伴う傾向がある（沖森他 2011）．

まず，日本語の例を見よう．「ひるごはん」はやや丁寧な感じ，「ひるめし」はぞんざいな感じ，「おひる」は口語的な感じ，「昼食」は硬い感じ，「ランチ」は新しい感じがする．また，「おかあさん」は丁寧な感じ，「おかあさま」は敬った言い方で，「かあさん・かあちゃん」は親しい感じ，「おふくろ」は男性が親しみを込めて呼ぶ感じ，「母」は改まった感じがする．

次に，これらに近い韓国語の例を挙げよう．「點心（점심）・點心食事（점심식사）・點心 밥（점심밥）」(ひるごはん)はもっとも一般的な表現で，もともとは漢語に由来するが，漢語という意識は薄く，特別な語感を持たない．「中食（중식）」(昼食)は漢語らしい硬い感じを与え，『標準国語大辞典』では「點心（점심）・點心食事（점심 식사）・點心 밥（점심밥）」に醇化すべきだとされている．「런치」(ランチ)は外来語で新しい感じを与え，洋食店などではよく使われているが，『標準国語大辞典』にはまだ掲載されていない．また，「어머니」(おかあさん)は丁寧な感じ，「어머님」(おかあさま)は敬った言い方，「엄마」(ママ)は親しみを込めた言い方で，「母親（모친）」(母親)は漢語で改まった感じを与える．

14.3.2 位相の違い

第二に，位相の異なる類義語がある．位相とは，年齢・職業・地域など社会的背景のことをいう．

日本語では次のような例を挙げることができる．それぞれの対のうち，左が一般的な語で，右が特殊な位相語である．「足」に対する「あんよ」のような

幼児語,「忘れ物」に対する「遺失物」のような職業語,「捨てる」に対する「ほかす」のような地域的方言,「刑事」に対する「デカ」のような隠語などがある.

一方,韓国語には次のような例がある.上と同様に,それぞれの対のうち,左が一般的な語で,右が特殊な位相語である.「밥」(ごはん)に対する「맘마」(まんま)のような幼児語,「山蔘（산삼）」(深山から採れる野生の朝鮮人参)に対する「뿌리시리」のような職業語(朝鮮人参採取業者の職業語),「버리다」(捨てる)に対する「번지다」*1のような地域的方言(全羅道方言)や,「監獄（감옥）」(牢獄)に対する「甓돌집（벽돌집）」(レンガの家)・「붉은 집」(赤い家)のような隠語などがある.

14.3.3 主体や客体の違い

第三に,主体や客体の異なる類義語がある.主体とは主語の指す人・動物・事物などで,客体とは目的語の指す人・動物・事物などである.

日本語の例を見よう.「生き返る」は「生きる」と「返る」の複合語であり,「死者が生き返る」のように生物が主体の場合に用い,生物以外が主体の場合には普通は用いない.それに対し,「よみがえる」は「黄泉(よみ)から帰る」という意味で,「死者がよみがえる」のように生物が主体の場合にも「記憶がよみがえる」のように生物以外が主体の場合にも用いる.また,「扶養」は「家族を扶養する」のように身内が客体の場合に用いるのに対し,「養育」は「子どもを養育する」のように身内が客体の場合にも「施設で老人を養育する」のように身内以外が客体の場合にも用いる.

これに類する韓国語の例を挙げよう.「蘇生（소생）」は「환자가 소생하였다」(患者が蘇生した)のように生物が主体の場合に用い,生物以外が主体の場合には普通は用いない.それに対し,「復活（부활）」は「죽은 사람이 부활하였다」(死者が復活した)のように生物が主体の場合にも「옛날 제도가 부활되었다」(昔の制度が復活した)のように生物以外が主体の場合にも用いる.ちなみに,「되살아나다」(生き返る・よみがえる)もやはり,生物の場合にも生物以外の場合にも使える.また,「養育（양육）」は「아이를 양육한다」(子どもを養育する)のように子どもが客体の場合に用いるのに対し,「扶養（부양）」は

---

*1 「번지다」には,「にじむ・広まる」という意味の標準語もある.

「부모님을 부양한다」（両親を扶養する）のように子ども以外が客体の場合にも用いる．

14.3.4 その他
上記以外にも，さまざまな要因によって異なる類義語群がある．

例えば，「金星」は太陽系の第2惑星を指す中立的な言葉で，「明けの明星」は明け方に東の空に輝く金星を指し，「宵の明星」は日没後に西の空に輝く金星を指す．韓国語では，それぞれ，「金星（금성）」，「샛별」（明けの明星），「개밥바라기」（宵の明星）という．これらは同じ対象を時間帯によって違った捉え方をしたものである．

14.4 包摂関係

包摂関係とは，類義語のうち，一方の語の意味領域が他方の語の意味領域を包み込む関係をいう．これにも，次のような下位区分がある．

14.4.1 多義/一義の関係
多義とは一つの語が複数の意味を持つことであり，一義とは一つの語が一つの意味を持つことである．したがって，多義/一義の関係とは，類義語の一方が多義で他方が一義であるような関係をいう．

これも，日本語の例から見ていこう．「起こる」はこれまでなかった物事・状態・感情などが生じるという一つの意味を表すのに対し，「起きる」はその意味に加えて，横になっていた人・動物・事物などが立ち上がる，目を覚ます，寝ないでいるなどの複数の意味を表す．また，「預金」は銀行などの金融機関に金銭を預けることやその金銭という一つの意味を表すのに対して，「貯金」は金融機関に預ける場合だけでなく金銭をためることやその金銭という意味も表し，スポーツなどのゲームにおいて勝った数から負けた数を引いた差を表す比喩的用法もあり，複数の意味を持つ[2]．

韓国語でそれに類する例を挙げてみる．「存在（존재）하다」（存在する）は人・

---

[2] 「預金」は銀行等の金融機関に金銭を預けることやその金銭を表すのに対し，「貯金」はゆうちょ銀行などに金銭を預けることやその金銭を表すという違いも存在するため，共通関係または隣接関係と見ることもできる．

動物・事物などが現実にあるという一つの意味を表すのに対し，「있다」(いる・ある）はその意味に加えて，人・動物・事物などがある場所に留まる，人がある職場に勤める，ある状況・水準・段階に置かれる，人・動物・事物などがある事物・資格・能力などを所有する，人がある地位・役割を持つなど多くの意味を表す．また，「預金（예금）」は銀行等の金融機関に金銭を預けることやその金銭という一つの意味を表すのに対して，「貯金（저금）」は金融機関に預ける場合だけでなく金銭をためることやその金銭という複数の意味を表す．

14.4.2 一般/特殊の関係

一般/特殊の関係とは，類義語群のうち，一方が一般的な意味を表し，他方が特殊な意味を表すような関係をいう．これは部分全体関係[*3]や階層関係（包含関係）の一種である上位・下位の関係（上下関係）[*4]と見ることもでき，次のように図示してもよい．

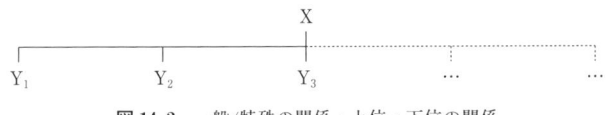

```
                    X
        ┌──────┬──────┼──────┬──────┐
        Y₁     Y₂     Y₃    ...    ...
```

図 14.2 一般/特殊の関係・上位・下位の関係

日本語の例を挙げると，「くるま」は軸を中心に回転する輪・車輪を表す語であったが，車輪を回転させて進むもの全般という一般的な意味を表すようになったのに対して，「自動車」はその一種である特殊な意味を表す．韓国語の「車（차）」と「自動車（자동차）」の関係も同様である．

14.5 共 通 関 係

共通関係とは，類義語の意味領域の一部が重なり合う関係をいう．つまり，それぞれの意味が一致する部分と相違する部分がある．

日本語の例で考えてみよう．「いえ」「うち」はどちらも家屋や家族・家庭を指すことがある．例えば，「{いえ/うち}に帰る」「裕福な{いえ/うち}で育つ」

[*3] 例えば，全体を表す「体」と部分を表す「頭・首・胸・腹・手・足」などの関係．
[*4] 例えば，類概念を表す上位語「鳥」と種概念を表す下位語「スズメ・カラス・ツバメ・ハト」などの関係．

のように使えることを見れば，すぐに理解できるであろう．しかし，「いえ」には，それだけでなく家督や家柄といった意味もある．一方，「うち」は本来，内側・内部を指す語であったのが，一定の範囲の中，心の中，自分の所属するところなどを意味するようになった．「おもしろい」と「おかしい」はどちらもこっけいだ・奇妙だという意味を持つ．例えば，「{おもしろい/おかしい}冗談」「{おもしろい/おかしい}形」のように使われる．しかし，「おもしろい」には，興味深い，快い，好ましい，風流だという意味があり，「おかしい」には，変だ，怪しい，不調だという意味がある．そして，「あがる」と「のぼる」はどちらも低いところから高いところへ移動することを表し，「坂を{あがる/のぼる}」のように使われる．しかし，「あがる」にはほかにも，程度が高まる，緊張する，収益がある，終わるという意味があり，「のぼる」には，高い地位に就く，太陽や月などが現れる，地方から中央へ向かう，夢中になる，数量が相当程度に達するという意味がある．

　韓国語では，次のような例がある．「家庭（가정）」と「食口（식구）」（家族）はどちらも血縁関係の近い人々の生活集団を意味し，「철수네 {가정/식구}이/가 가난하다」（太郎の{家庭/家族}が貧しい）のように使われるが，「家庭（가정）」には家族の生活する家という意味がある一方，「食口（식구）」には一つの組織で一緒に働く人たちを家族にたとえる用法もある．また，「우습다」（おかしい）も「웃기다」（笑わせる）もこっけいでおもしろいという意味を持ち，「{우스운/웃기는} 이야기」（こっけいな話）のように使われる．しかし，「우습다」には変だ・ばかばかしいという意味もあり，「웃기다」にはほかの人を笑わせるという意味もある．そして，「먹다」（食べる）も「마시다」（飲む）も液体をのどから流し込むという共通の意味を持ち，「술을 너무 많이 {먹었다/마셨다}」（酒を飲みすぎた）のように使われる．しかし，「먹다」には，固形の食物や薬などを口に入れる，ある感情を抱く，年を取る，悪口を言われるなどの意味があり，「마시다」には，空気や匂いなどを吸い込むという意味がある．

14.6　隣　接　関　係

　隣接関係とは，類義語の意味領域が隣り合っている関係をいう．すなわち，意味が類似してはいるけれども重なり合ってはいないということである．意味

の階層関係において等位関係（同位語関係）[*5] にある語同士は，このような関係といえる．

　日本語では次のような例がある．小学校で教育を受ける者は「児童」，中学校・高等学校で教育を受ける者は「生徒」，大学で教育を受ける者は「学生」と区別することになっている．また，地震の古い区分では，現在の震度2程度の軽い地震を「軽震」，現在の震度3程度の弱い地震を「弱震」と言っていた．「かたな」は「かた（片）」と「な（刃）」の複合語で片刃の刃物を指すのに対し，「つるぎ」は諸刃の刃物を指す．これらはそれぞれ，教育機関において教育を受ける者，強くない地震，刃物という共通点はあるが，意味領域の重なり合う部分はない．

　韓国語にも次のような例がある．小学校・中学校・高等学校・大学等の学校で教育を受ける者は「學生（학생）」，軍の教育機関（士官学校）で教育を受ける者は「生徒（생도）」といって区別する．また，「輕震（경진）」と「弱震（약진）」の区別は日本語と同じである．そして，「낫」（鎌）は草などを刈る道具を指すのに対して，「도끼」（斧）は木を切ったり割ったりする道具を指す．これらの類義語も意味領域の重なり合う部分はない．

　ただし，すべての母語話者が厳密かつ正確に使い分けているわけではなく，実際には混同されることも多い．

14.7　類義語と対義語

　対義語のことを反義語・反意語・反対語などともいう．対義語は類義語とは正反対のものと思われるかもしれないが，実は類義語の特殊なものともいえる．つまり，語の意味を構成する多くの成分（意義素）のうち，第一優先の特徴に関して対立するのが対義語で，優先順位の低い特徴に関して対立するのが類義語であると見ることができる（渡辺 1996，沖森他 2011）．ここでは，一つの語が対義語的用法を持つ場合や対義語が類義語的用法を持つ場合があることを見ておきたい．このような現象は，移動・授受・貸借・売買などを表す動詞によく見られる．

　日本語の例を見よう．「たまわる」は「与える」の意の尊敬語と「もらう」

[*5]　例えば，共通の上位語「鳥」の下位語である「スズメ」と「カラス」などの関係．

の意の謙譲語という反対方向の用法を持つ（池上 1975）．また，「参る」は「行く」「来る」の丁重語で,「いらっしゃる」や「おいでになる」は「行く」「来る」「いる」の尊敬語というように，反対方向の用法，さらには移動の方向も失った用法まで持つ．ちなみに，古くは「をさむ」「たまふ」「つかふ」など多くの語が反対方向の用法を持っていた（成沢 1984/2012）．

　韓国語では，古語「납시다」（お出ましになる）が「出て行く」「出て来る」の尊敬語として反対方向の用法を持っていた．さらには，「사 주세요」（買ってください）と言うところを「팔아 주세요」（売ってください），「가르쳐 주세요」（教えてください）と言うところを「배워 주세요」（習ってください）と言う．対義語を類義語のように使う興味深い現象がある（박지홍 1987）．

　ちなみに，英語の「rent」も「貸す」と「借りる」という反対方向の用法を持つ（池上 1975，박지홍 1987）[*6]．　　　　　　　　　　　　　　　[吉本一]

発展的課題

1. 和語・漢語・外来語・混種語などの語種による類義語を探し，語感の違いについて論じてみよう．
2. 死・性・排泄に関することなど，口に出すのがはばかられる忌避すべき表現に対する婉曲表現が次々にできたことによって生じた類義語群を探し，語感の違いについて論じてみよう．

【参考文献】
池上嘉彦（1975）『意味論』大修館書店
沖森卓也他（2011）『図解日本の語彙』三省堂
沖森卓也編著（2012）『語と語彙』朝倉書店
成沢光（1984/2012）『政治のことば』平凡社/講談社
渡辺実（1996）『日本語概説』岩波書店

---

*6　韓国語では，「貸す」が「빌리다」，「借りる」が「빌다」だったのが，「貸す」が「빌려주다」，「借りる」が「빌리다」に変わった．そのため，今でも「빌다」と「빌리다」の使い分けには混同が見られる．

15 擬声語・擬態語

15.1 擬声語・擬態語

　韓国語と日本語は擬声語・擬態語（オノマトペ）[*1]の数が豊富な言語として知られている．
　擬声語とは，生物の声や無生物の音など自然界の音を言語音で表したものである．擬態語とは，動作・様態や事物の状態・様子を言語音で象徴的に表したものである．ただし，「박박：固い物体の表面・頭などを強く掻くさま，または音（ぼりぼり，がりがり…）」などは擬声語なのか擬態語なのか判断に迷う例であり，両者を厳密に区別することは難しく，形態や機能から一緒に取り扱われることが多い．
　一般に，ある事物や概念を表す語音と意味内容との結びつきは言語ごとに決められており，その間には必然的な関係はない（恣意的である）．たとえば，'犬'を日本語では「イヌ」，韓国語では「개」，英語では「dog」というように，言語によって表す形式が異なる．しかし，自然界の音を言語音で写したものである擬声語においては，語音と意味との間に何らかの必然的な結びつきがあり，その例外性が認められる．たとえば，'鶏の鳴き声'を日本語では「コケコッコー（kokekokkoo）」，韓国語では「꼬끼오（kkokkio）」，英語では「cock-a-doodle-doo」，フランス語では「cocoriko」のように音と内容が類似している．

15.2 音韻的な特徴

15.2.1 母音交替

　韓国語の擬声語・擬態語は，母音と子音による音韻の交替が頻繁に行われ，それによって微妙なニュアンスの違いを表すものが多い．特に，母音の交替による生産性が非常に高いことが特徴的である．

[*1] 韓国では，「擬声擬態語」，「（音）象徴語」のように呼ばれ，「オノマトペ」という用語は用いられない．

(1)　깜빡깜빡-껌뻑껌뻑　〈ぱちぱち〉
　　　팔랑팔랑-펄렁펄렁　〈ひらひら〉
　　　아롱아롱-어룽어룽　〈ちらちら〉
　　　깡총깡총-껑충껑충　〈ぴょんぴょん〉
　　　도란도란-두런두런　〈ひそひそ〉
　　　모락모락-무럭무럭　〈もくもく〉

現代韓国語には，表15.1のように八つの単母音があり，아，애，오は陽母音，어，에，우，으，이は陰母音（厳密には，中性母音ともされるものも含む非陽母音）と分類される．中期朝鮮語では，この「陽母音・陰母音」[*2]が1単語内部では同系列の母音のみが用いられるという母音調和現象が明確であったが，現代語においては用言の活用および擬声語擬態語に一定の現象が残っているだけである．(1)の母音交替は，母音調和現象における陽母音と陰母音の対立と対応しており，下線の部分（語基）がそれぞれ「아아：어어」，「아오：어우」，「오아：우어」と対立している．現代韓国語の擬声語擬態語に見られる母音の交替関係は表15.1のようにまとめられる．

表15.1　擬声語擬態語における母音の交替関係

陽母音	아	애	오
陰母音	어, 으	에, 이	우

このような母音の交替は，語感の違いを表す働きをするが，この点については15.4節で取り上げる．

15.2.2　子音交替

子音に関しては，「平音・濃音・激音」の交替が特徴的であるが，母音の交替によるものほど多くはない．

(2a)　감감-깜깜-캄캄　〈さっぱり〉：何も知らないさま，真っ暗いさま
　　　뱅뱅-뺑뺑-팽팽　〈くるくる〉
(2b)　종알종알-쫑알쫑알　〈ぶつぶつ〉
　　　질질-찔찔　〈ずるずる〉

[*2]　中期朝鮮語の単母音体系は現代語とは異なっており，陽母音ㅏ，ㅗ，·，陰母音ㅓ，ㅜ，ㅡ，中性母音ㅣと区別される．

　　　　땅땅-탕탕　〈かぁんかぁん〉

(2a) は，「平音：濃音：激音」の三つの系列がすべて1語中に現れるものであり，例は少ない．(2b) は，「平音：濃音」，「濃音：激音」の交替であり，主に前者による交替の例が多く，後者の交替は非常に例が少ない．子音の交替も母音の交替と同様に，微妙な感情表現やニュアンスの違いを表す働きをする．この点については15.4節で取り上げる．

15.3　形態的な特徴

　韓国語の擬声語擬態語の形態的な特徴は，日本語と同様に反復形式（畳語形式）が多用されることである．語基の反復の有無によって反復形式と非反復形式に大きく分けられる．反復形式はさらに，まったく同じ形を繰り返す完全反復形式，若干の変化を与える部分反復形式に分けることができる．中には，反復形式でしか用いられないものもある．

　語基の音節構造は基本的には (C)VC であり，語末子音は ㄱ, ㅇ, ㄹ のものが多い．

15.3.1　反復形式

15.3.1.1　完全反復形式

　韓国語の擬声語擬態語は，1音節語からなるものもあり，そのほとんどは反復形式によって2音節語・3音節語となりうる．

(3a)　뚝　〈ぽたっ〉-뚝뚝　〈ぽたぽた〉
　　　쿵　〈どしん〉-쿵쿵　〈どすんどすん〉
(3b)　졸졸　〈さらさら（水が）〉
　　　폴폴　〈ほろほろ〉：鳥，雪などが飛ぶかまたは飛び散るさま
　　　퉁퉁　〈むくむく〉：腫れたり太ったりするさま
(3c)　아장아장　〈よちよち〉
　　　빙글빙글　〈にこにこ，ぐるぐる〉
　　　반짝반짝　〈きらきら〉

(3a) は，1音節語であり，ほとんどの例の語末子音が ㄱ, ㅇ であることが特徴的である．(3b) の2音節語は，反復形式でしか用いられないものである．(3c) は語基がそっくり反復されているものであり，4音節語の反復形式の中

で圧倒的に数が多い．

15.3.1.2　部分反復形式

構成要素の一部に何らかの変化を与える形式なので，多様な姿のものが現れる．

(4a)　쓱싹　〈さっと〉
　　　뚝딱　〈てきぱきと〉
　　　삐뚤빼뚤　〈よろよろ，くねくね〉
　　　싱숭생숭　〈そわそわ，うきうき〉
　　　뜨끔따끔　〈ちくちく，ひりひり〉
　　　티격태격　〈何だかんだと〉
(4b)　알뜰살뜰　〈つましく〉
　　　얼룩덜룩　〈点々と〉
　　　우물쭈물　〈もたもた，ぐずぐず〉
　　　울룩불룩　〈でこぼこ〉
　　　옹기종기：大きさの違う多くのものが可愛らしく集まっているさま
(4c)　갈팡질팡　〈うろうろ〉
　　　뒤죽박죽　〈ごちゃごちゃ〉
　　　싱글벙글　〈にこにこ〉
　　　옥신각신　〈いざこざ〉
　　　안절부절　〈おろおろ，うろうろ〉
(4d)　까르르　〈きゃっきゃっ〉
　　　두둥둥　〈どんどん〉
　　　콩작작　〈とんとん〉
　　　괴죄죄　〈ぼろぼろ〉
(4e)　덩실：더덩실　〈ふわふわ〉
　　　둥실・두둥실　〈ふわふわ〉
(4f)　바득：바드득　〈ぎしぎし〉
　　　부릉：부르릉　〈ぶるん，ぶうん〉
　　　와작：와자작　〈ぐしゃっ〉
　　　파닥：파다닥　〈ぱたばた〉
　　　후둑：후두둑　〈ぱらぱら〉

(4a) は母音が交替する例で，口の開き具合が小さい陰母音が前，口の開き具合が大きい陽母音が後に来る形である．(4b) は子音の交替する例で，前に

母音，後ろに子音が来る形である．後ろの子音は，阻害音性が大きい ㄷ, ㅂ, ㅅ, ㅈ が大部分を占めていることが特徴的である．(4c) は，後ろの音節がまるごと交替する例で，(4b) と同様に阻害音性が大きいものが後ろに配列される傾向がある．(4d) は語基の末音節を反復させている例で，(4e) は語頭音節の一部である CV- のみを反復させている例である．(4f) は，語基の第2音節の一部の CV- のみを反復させている例である．

15.3.2　非反復形式

擬声語擬態語は，反復形式で用いられるものが非常に多く，任意に反復形式で用いることも可能である．ここでは，反復形式では用いられない例をまとめておく．

(5)　울컥　〈むかっ〉
　　　잔뜩　〈いっぱい，うんと〉
　　　털썩　〈べたり，どっさり〉
　　　폭삭　〈ぺしゃっ〉
　　　우지끈　〈ぼきっ〉
　　　물끄러미　〈ぼんやり〉
　　　시끌벅적　〈やっさもっさ〉：大勢の人が集まりごちゃごちゃとして騒がしいさま
　　　어리둥절　〈ぼんやり〉
　　　왁자지껄　〈わいわい，がやがや〉

15.4　音韻交替と意味との関係

韓国語の擬声語擬態語は，母音交替や子音交替により微妙な意味の違いを表すものが多い．特に，母音交替によるものは生産的であり，かつて母音調和現象に関わっていた陽母音・陰母音の交替が特徴的である．子音交替は，平音・濃音・激音による対立が特徴的である．日本語が子音の清・濁を対立させることで「鋭い・軽い・小さい・美しい」と「鈍い・重い・大きい・汚い」の語感の差を表すのと類似しているが，韓国語の場合は陽母音・陰母音の母音対立によってさらに豊富な語感の違いを表す[*3]．

[*3]　日本語の場合は，「ン」「ッ」，「リ」の要素を語基に添加してニュアンスの差を表す方法がある．

15.4.1 母音交替と意味

15.2節で述べたように,韓国語の擬声語擬態語は陽母音と陰母音の交替により意味上の違いを表すものが多い.陽母音・陰母音が持つ語感の大小関係を表15.2にまとめる.

表 15.2 母音の種類と意味関係

	母音系列	意味
陽母音	아, 애, 오(야, 외, 요, 와, 왜)	明, 軽, 澄, 小, 少, 鋭, 薄, 強, 速, 若
陰母音	어, 에, 우, 으, 이 (여, 위, 유, 워, 웨, 의)	暗, 重, 濁, 大, 多, 鈍, 厚, 弱, 遅, 老

(6) 반짝반짝-번쩍번쩍 〈きらきら,ぎらぎら,ぴかぴか〉
    콜콜-쿨쿨 〈すうすう,ぐうぐう〉
    뱅뱅-빙빙 〈くるくる,ぐるぐる〉

(6) は,陽母音・陰母音の対立による語感の違いが現れる例である.例えば,(7)の陽母音 아 を用いた「반짝반짝」は小さくきらきらと光り輝くさまを表し,陰母音 어 を用いた「번쩍번쩍」は強烈に,どぎつく光り輝くさまを表す.

(7) 밤하늘에 별이 반짝반짝 빛나고 있었다.
    〈夜空に星がきらきらと輝いていた.〉
    밤하늘에 번개불이 번쩍번쩍했다.
    〈夜空に稲妻がぴかっと光った.〉

また,(8)の陽母音 오 を用いた「콜콜」は子供や小さい動物などが寝息をたてて眠っているさまを表し,陰母音 우 の「쿨쿨」は大人や大きい動物がいびきをかいているさまを表す.

(8) 아이는 피곤했는지 이내 콜콜 잠이 들었다.
    〈子供は疲れたのか,すぐすうすう眠った.〉
    큰오빠는 피곤한지 아직도 쿨쿨 자고 있어요.
    〈一番上の兄は疲れているのか,まだぐうぐう寝ています.〉

(9)の陽母音 애 を用いた「뱅뱅」は狭い範囲を小さいものがしきりに回るさまを表し,陰母音 이 の「빙빙」は一定の広い範囲をしきりに回るさまを表す.

(9) 아이들이 앞마당을 뱅뱅 놀면서 장난을 쳤다.
    〈子供達が家の前にある庭をくるくる回って遊んでいる.〉

자전거로 학교 앞 광장을 빙빙 돌았다.
〈自転車で学校の前の広場をぐるぐる回った.〉

その他の陽母音・陰母音の交替によりニュアンスの違いが現れる語例を (10) に提示する.

(10) 가물가물-거물거물　〈ちらちら，ゆらゆら〉
　　　간질간질-근질근질　〈むずむず〉
　　　고깃고깃-구깃구깃　〈くちゃくちゃ〉
　　　꼬불꼬불-꾸불꾸불　〈くねくね，うねうね〉
　　　생글생글-싱글싱글　〈にこにこ〉
　　　소근소근-수근수근　〈ひそひそ，こそこそ〉

15.4.2　子音交替と意味

15.2節で述べたように，平音・濃音・激音の対立によるものは陽・陰母音の対立によるものより多くはないが，この対立を用いて微妙に異なるニュアンスを表し，感情を豊かに表現することができる．濃音は鋭さ，強い語感，激音は鈍さ，激しい語感を表す．

(11a)　감감-깜깜-캄캄　〈真っ暗〉
　　　빙빙-삥삥-핑핑　〈くるくる，ぐるぐる〉
　　　졸랑졸랑-쫄랑쫄랑-촐랑촐랑　〈うろちょろ〉

(11b)　꾹꾹-쿡쿡　〈ぶすっぶすっ〉
　　　잘방잘방-찰방찰방　〈どぶんどぶん〉
　　　절레절레-쩔레쩔레　〈いやいや〉

(11a) は,「平音：濃音：激音」の交替となっており，この順で意味がより強くなる．(11b) は,「濃音：激音」,「平音：激音」,「平音：濃音」の交替であり，常に平音・濃音・激音の交替形があるわけではなく，いずれかが欠けているのが普通である. 　　　　　　　　　　　　　　　[姜英淑]

発展的課題

1. どのような意味の違いがあるかを考えてみよう.
   (1) 윙윙 : 웡웡
   (2) 풍당풍당 : 풍덩풍덩

2. より強く,激しい語感の形を考えてみよう.
    (1) 빙글빙글
    (2) 잘랑잘랑

【参考文献】
青山秀夫(1972)「現代朝鮮語の擬声語」『朝鮮学報』65号,朝鮮学会
青山秀夫(1986)「朝鮮語の擬音語・擬態語」『日本語学』5巻7号,明治書院
青山秀夫編(1991)「朝鮮語象徴語辞典」大学書林
李翊燮他(2004)『韓国語概説』大修館書店
生越まりこ(1989)「日本語の擬音・擬態語教授上の問題点—朝鮮語(韓国語)を母語とする人々に対して—」『日本語教育』68号,日本語教育学会
許卿姫(1989)「日・韓両言語における音象徴語の比較対照的研究」『日本語教育』68号,日本語教育学会
田守育啓(1993)「日本語オノマトペの音韻・形態的特徴」『月刊言語』22巻6号,大修館書店
田守育啓(2001)「日本語オノマトペの語形成規則」『月刊言語』30巻9号,大修館書店
野間秀樹(1990)「朝鮮語のオノマトペー擬声擬態語の境界画定,音と形式,音と意味について」『学習院大学言語共同研究所紀要』13号,学習院大学言語共同研究所
박창원(朴昌元)(1993)「현대 국어 의성 의태어의 형태와 음운(現代国語擬声擬態語の形態と音韻)」『새국어생활(新しい国語生活)』3-2 国立国語研究院
윤희원(尹熙媛)(1993)「의성어・의태어의 개념과 정의(擬声語擬態語の概念と定義)」『새국어생활(新しい国語生活)』3-2 国立国語研究院
鄭寅承(1938)「모음상대법칙과 자음가세법칙(母音相対法則と子音加勢法則)」『한글(ハングル)』6-9 한글학회(ハングル学会)
채완(蔡琬)(1993)「의성어・의태어의 통사와 의미(擬声語擬態語の統語と意味)」『새국어생활』3-2 国立国語研究院

16 韓国のことわざ・慣用句

　韓国語でことわざは「속담〈俗談〉」と言われる．「속담」も日本のことわざと同じく，「昔から人々の間で言いならわされた，風刺・教訓・知識・興趣などをもった簡潔な言葉」(『大辞林』) である．
　他方，慣用句は韓国語で「관용구〈慣用句〉」と言われるが，韓国においても관용구は (1) 二語以上が結合し，その全体が一つの意味を表すようになって固定したもの，(2) 二語以上が，きまった結びつきしかしない表現 (『大辞林』) である．
　ここでは，韓国のことわざと慣用句を分けて紹介することにする．

16.1　韓国のことわざ

　ことわざは洋の東西を問わず長年の伝統から生まれてきた英知の結晶である．その地に暮らす民衆の知恵や教え，あるいは人情の機微が，短くユーモアあふれる表現に凝縮されたものである．
　韓国では普段から日常的にことわざを使っている．韓国のことわざを知ることにより，韓国人の世知，人情または，ものの見方，考え方を垣間見ることができ，韓国語や韓国の文化の理解にもつながるだろう．韓国のことわざは日本のことわざと似ている．それもそのはず，北東アジアの地政学的な面で，いろいろとつながりを持ってきたからである．
　ここでは日韓のことわざの異同，韓国のことわざの起源を紹介し，また，韓国でよく使われることわざ一覧を示した．

16.1.1　同じ内容で題材が違うことわざ

　日本のことわざと韓国のことわざで，意味は変わらないが，題材の異なるものは多い．たとえば，「山椒は小粒でもぴりりと辛い」は「작은 고추가 맵다〈小さい唐辛子が辛い〉」である．これは食文化の違いによるのだろう．
　また，「門前の小僧習わぬ経を読む」は「서당 개 삼 년에 풍월을 읊는다

〈書堂の犬が三年で風月を詠む〉」と言う．「서당（書堂）」とは，日本の寺子屋にあたる教育機関で主に漢籍の訓読，詩文，習字などを勉強するところであったが，そこの犬も三年も経てば詩歌を吟ずるようになるということである．

次は，日韓で表す意味は同じであるが，言い回しが異なることわざである．
- 羹に懲りて膾を吹く：자라 보고 놀란 가슴, 솥뚜껑 보고도 놀란다 〈スッポンを見て驚いた胸，釜の蓋を見ても驚く〉
- 人の噂も七十五日：남의 말도 석 달 〈人のことばも三か月〉
- 破れ鍋に綴じ蓋：짚신도 짝이 있다 〈草鞋にも相方がある〉
- 両手に花：양손의 떡 〈両手の餅〉
- 目くそ鼻くそを笑う：똥 묻은 개가 겨 묻은 개 나무란다 〈糞のついた犬がぬかのついた犬を叱る〉
- 出る杭は打たれる：모난 돌이 정 맞는다 〈角ばった石がノミに打たれる〉
- 猫に鰹節：고양이 앞에 고기 반찬 〈猫の前に魚のおかず〉
- 蛇に睨まれた蛙：고양이 앞의 쥐 〈猫の前のネズミ〉
- 壁に耳あり障子に目あり：낮말은 새가 듣고 밤말은 쥐가 듣는다 〈昼の言葉は鳥が聞き，夜の言葉はネズミが聞く〉
- 豚に真珠：개 발에 편자 〈犬の足に蹄鉄〉
- 借りてきた猫：꾸어다 놓은 보릿자루 〈借りておいた麦の袋〉
- 鯛なくばエソ：꿩 대신 닭 〈キジの代わりにニワトリ〉

16.1.2 日本起源のことわざ

韓国は近代以降，日本からの文化・文物の影響を多く受けてきた．特に1910年から1945年までの日本の植民地時代は「国語」として日本語が強制されるなど，否応なしに日本の文化の洗礼を受けた時代であり，多くの日本のことわざが伝わった．

「도토리 키 재기〈ドングリの背比べ〉」や「원숭이도 나무에서 떨어진다〈猿も木から落ちる〉」など，言い回しから意味まで日本からの受容が確実視されるものも多い．

次は日本から伝わったものと見られることわざである．
- 井の中の蛙：우물 안 개구리 〈井戸の中の蛙〉
- 船頭多くして船山に登る：사공이 많으면 배가 산으로 올라간다 〈船頭が多け

れば船が山に登っていく〉
- 灯台もと暗し：등잔 밑이 어둡다 〈灯台の下が暗い〉
- 火のないところに煙は立たぬ：아니 땐 굴뚝에 연기 나랴 〈燃やしていない煙突に煙は出るだろうか〉
- 絵に描いた餅：그림의 떡 〈絵の餅〉
- 悪事千里を走る：발 없는 말이 천 리 간다 〈足のない言葉が千里を行く〉
- 千里の道も一歩から：천 리 길도 한 걸음부터 〈千里の道も一歩から〉
- 急がば回れ：급할수록 돌아가라 〈急ぐほど回って行け〉

16.1.3　西洋起源のことわざ

　韓国のことわざの中には，「시간은 돈이다〈時間は金である〉：時は金なり "Time is money"」のように，もともと西洋のものが日本を経由して入ったと見られるものもある．

　この類のことわざは，英語から直接，または中国経由でなく日本経由のものと思われる．

- A drawing man will catch at a straw.-溺れるものは藁をもつかむ：물에 빠지면 지푸라기라도 잡는다 〈水に溺れると藁でもつかむ〉
- Blood is thicker than water.-血は水よりも濃い：피는 물보다 진하다 〈血は水より濃い〉
- When you are in Rome, do as Romans do.-ローマではローマ人のするようにせよ：로마에 가면 로마 사람이 되라 〈ローマに行けばローマ人になれ〉

16.1.4　韓国独自のもの

　韓国のことわざも諸外国のことわざと同じく，教訓や訓戒などの内容が多い．そこには世界に通用するものもあれば，表現形式や内容において韓国ならではのものも多い．たとえば「남자가 부엌에 들어가면 불알이 떨어진다〈男子が台所に入ると金玉が落ちる〉：男子厨房に入るべからず」や「암탉이 울면 집안이 망한다〈雌鶏が鳴けば家が滅びる〉：牝鶏晨す」などからは昔の「男尊女卑」の風潮を伺うことができる．

　また，「열 번 찍어 아니 넘어가는 나무 없다〈十回斧を入れて倒れない木はない〉：女の堅いは膝頭」，「뱁새가 황새를 따라가면 가랑이가 찢어진다〈ミソサザイが

アオサギについていけば股が裂ける〉：鵜の真似をする烏」，「남의 떡이 더 커 보인다〈人の餅がもっと大きく見える〉：隣の芝生は青い」，「콩 심은 데 콩 나고 팥 심은 데 팥 난다〈大豆を植えた所には大豆が生え，小豆を植えた所には小豆が生える〉：瓜の蔓にナスビはならぬ）などにも韓国の文化や世情が表れている．

また，韓国のことわざの特徴の一つは「호랑이도 제 말하면 온다〈虎も自分の話をすれば来る〉：噂をすれば影が差す」のように虎が多く出てくることである．これは昔話でも同じであるが，昔は朝鮮半島の至るところで虎が出没したため，人々は虎に対して恐れをなしたり，また，逆に戯画化して親しみをもったり，茶化したりしたものである．以下は虎が出てくる韓国のことわざである．

- 鷲の巣をネズミが狙う：하룻강아지 범 무서운 줄 모른다 〈生まれたての子犬が虎の怖さを知らない〉
- 鬼に金棒：범에 날개 〈虎に翼〉
- 心の駒に手綱許すな：호랑이에게 물려가도 정신만 차리면 살 수 있다 〈虎に咥えられて連れていかれても正気を保てば助かる〉
- 鳥なき里の蝙蝠：범 없는 골에 토끼가 스승이라 〈虎のない山谷にウサギが師である〉

16.2 韓国の慣用句

韓国でも日本と同じく多くの慣用句が使われている．その中でも，目，口，手，足などの身体部位名を使った表現は非常に多い．ただし，慣用句は一種の比喩表現であるため，その意味は固定化している．したがって字面通り意味を取れば誤解のもとになる場合も多々あり，外国語になるとその可能性はもっと高くなる．韓国語の慣用句は日本語の慣用句と似て非なるところも多い．

「잘 봐주세요〈よく見てください〉」は「大目に見てください」，「얼굴이 좋다〈顔がいい〉」というのは「顔色がいい」という意味になるので，直訳すると意味が合わない場合が多く，細心の注意が必要である．

また，韓国語で「目」が入っている慣用句を見てみると「눈이 높다〈目が高い〉」は「鼻が高い」，「눈에 들다〈目に入る〉」は「気に入る，メガネにかなう」，「눈이 빠지도록 기다리다〈目が抜けるほど待つ〉」は「首を長くして待つ」，「눈코 뜰 새 없다〈目と鼻を開ける暇もない〉」は「目が回るほど忙しい」という具合に，日韓では使われる身体部位名にずれがある．

なお,「발이 넓다〈足が広い〉」は「顔が広い」,「이마를 맞대다〈額を交える〉」は「膝を交える」の意味である.

ここでは,身体部位名を使った韓国語の慣用句の中で,日本語と似て非なるものを中心に取り上げてみる.

머리〈頭〉・이마〈額〉・머리카락〈髪の毛〉

韓国語	日本語
머리에 피도 안 마르다〈頭に血も乾かない〉	くちばしが黄色い
이마를 맞대다〈額を交える〉	膝を交える
머리가 굵어지다〈頭が大きくなる〉	大きくなる
머리가 무겁다〈頭が重い〉	気が重い
머리카락이 서다〈髪の毛が立つ〉	身の毛がよだつ
이마에 내 천 자를 그리다〈顔に川の字を書く〉	額にしわを寄せる

얼굴・낯〈顔〉

얼굴이 좋다〈顔がいい〉	顔色がいい
얼굴에 먹칠을 하다〈顔に墨を塗る〉	顔に泥を塗る
낯을 가리다〈顔を選ぶ〉	顔見知りする
얼굴에 불이 나다〈顔に火が出る〉	顔が火照る
얼굴에 똥칠하다〈顔に糞を塗る〉	顔に泥を塗る
낯이 간지럽다〈顔が恥ずかしい〉	面映ゆい,照れくさい
얼굴에 철판을 깔다〈顔に鉄板を敷く〉	図々しい

눈〈目〉

눈이 높다〈目が高い〉	鼻が高い
눈에 들다〈目に入る〉	気に入る,メガネにかなう
눈이 빠지도록 기다리다〈目が抜けるほど待つ〉	首を長くして待つ
눈코 뜰 새 없다〈目と鼻を開ける暇もない〉	目が回るほど忙しい
눈에 밟히다〈目に踏まれる〉	目に浮かぶ
눈엣 가시〈目の中のとげ〉	目の上のたんこぶ
눈에 흙이 들어가기 전에〈目に土が入る前に〉	目が黒いうちは
눈에 불을 켜고〈目に火をつけて〉	目を皿にして
눈 감으면 코를 베어 먹을 세상〈目を閉じれば鼻を削いで食べる世の中〉	世知辛い世の中

코 〈鼻〉

코가 비뚤어지도록 〈鼻が曲がるほど〉	へべれけになるほど
엎어지면 코 닿을 데 〈倒れたら鼻のつくところ〉	目と鼻の先
코가 석 자 〈鼻水が三尺〉	自分のことで精いっぱい

귀 〈耳〉

귀가 따갑다 〈耳が痛い〉	耳にたこができる
귀가 가렵다 〈耳がかゆい〉	誰かが自分の陰口を言う
귀가 얇다 〈耳が薄い〉	人の話をすぐ信用しやすい
귀가 트이다 〈耳が開く〉	(外国語が) 聞こえるようになる

입 〈口〉・혀 〈舌〉

입을 씻다 〈口を洗う〉	知らんぷりをする
입이 걸다 〈口が肥えている〉	口が汚い
입이 트이다 〈口が開かれる〉	よくしゃべれるようになる
입이 맞추다 〈口を合わせる〉	①口裏を合わせる ②チューする
입이 닳도록 〈口が減らされるほど〉	口を酸っぱくして
입이 짧다 〈口が短い〉	食が細い
입 안의 혀처럼 〈口の中の舌のように〉	意のままに
입이 귀에 걸리다 〈口が耳にかかる〉	うれしくて笑いがとまらない
입만 살다 〈口だけ生きている〉	口だけ達者だ
물에 빠지면 입만 뜨다 〈水に溺れると口だけ浮かぶ〉	口から先に生まれる
입을 대다 〈口をつける〉	①食べる ②口を出す
입에 침도 마르기 전에 〈口につばも乾く前に〉	舌の根も乾かないうちに
입에 풀칠을 하다 〈口に糊付けをする〉	かろうじて生きている

목 〈首〉・목구멍 〈のど〉

눈이 빠지게 기다리다 〈目が抜けるほど待つ〉	首を長くして待つ
목구멍에 거미줄을 치다 〈のどにクモの巣を張る〉	ひもじい思いをする
목에 칼이 들어와도 〈首に刀が入ってきても〉	何が何でも
목을 매달다 〈首をつり下げる〉	命がけだ

배〈腹〉・배꼽〈へそ〉

배가 아프다 〈腹が痛い〉	妬ましい
배보다 배꼽이 크다 〈腹よりへそが大きい〉	槌より柄が太い
배꼽을 잡고 웃다 〈へそを捕まえて笑う〉	腹を抱えて笑う
배꼽이 웃다 〈へそが笑う〉	滑稽だ
배 부르고 등 따습고 〈お腹がいっぱいで, 背中が暖かくて〉	不自由しない生活

간〈肝〉

간이 붓다 〈肝が腫れる〉	度胸が据わっている
간이 크다 〈肝が大きい〉	肝っ玉が大きい
간이 떨어지다 〈肝が落ちる〉	肝をつぶす
간이 콩알만해지다 〈肝が豆粒大になる〉	驚いて縮こまる
간에 기별도 안 간다 〈肝に便りも行かない〉	量が少なくて食べた気がしない
간에 붙고 쓸개에 붙고 〈肝についたり, 胆嚢についたり〉	二股膏薬

손〈手〉・손가락〈指〉・팔〈腕〉

손이 크다 〈手が大きい〉	(食べ物について) 気前がいい
손을 씻다 〈手を洗う〉	足を洗う
손을 쓰다 〈手を使う〉	①手を打つ ②手を回す
손을 보다 〈手を見る〉	①手を入れる ②こらしめる, しごく
손이 부끄럽다 〈手が恥ずかしい〉	もらうつもりで手を出したが思うとおりにならず恥ずかしくなる
손이 가다 〈手が行く〉	手間がかかる
손이 많다 〈手が多い〉	働き手が多い
손가락을 빨다 〈指をしゃぶる〉	指をくわえる
손발이 고생하다 〈手足が苦労する〉	苦労する
손발을 맞추다 〈手足を合わせる〉	協力し合う
손이 발이 되도록 빌다 〈手が足になるほど許しを請う〉	必死に許しを請う
팔을 걷어붙이다 〈腕をまくり上げる〉	本気で取り組む

발〈足〉・다리〈脚〉・무릎〈膝〉

발등에 불이 떨어지다 〈足の甲に火が落ちる〉	尻に火がつく
발이 닳도록 〈足がすり減らされるほど〉	足しげく
발을 끊다 〈足を切る〉	関係を断つ
발을 벗다 〈足を脱ぐ〉	本気で取り組む
두 다리를 뻗고 자다 〈両足を伸ばして寝る〉	枕を高くして寝る
발이 넓다 〈足が広い〉	顔が広い
발에 불이 나도록 〈足に火が出るように〉	必死になって

[曺喜澈]

発展的課題

1. 韓国のことわざのうち，日本のことわざと同じ内容を表しているが題材の異なるまのをいくつか挙げてみよう．
2. 身体部位名を用いた韓国の慣用句を調べてみよう．

【参考文献】
賈恵京（2007）『日韓類似ことわざ辞典』白帝社
北村孝一（2012）『故事俗信 ことわざ大辞典 第二版』［大型本］，(1982)『故事・俗信ことわざ大辞典』小学館
金容権（1999）『韓国朝鮮ことわざ辞典』徳間書店
金重燮（2009）『できる韓国語慣用表現』アスク出版
鄭恵賢（2011）『韓国語を使いこなすための慣用句400』三修社

17 漢字音

17.1 はじめに

　古代東アジアにおいては，中国の政治体制や文化，価値観を，周辺の国々が移入したが，それを媒介したのが漢字，漢文であった．そのため，周辺諸国では，各固有語の音韻的特徴に影響されて，中国語とは少し異なる漢字音を発達させた．日本語では呉音と漢音が，韓半島では韓国漢字音が生じた．

　韓国漢字音は，唐の都であった長安で 10 世紀ごろに使われていた字音を母胎として形成されたものと見られ，このような伝統的漢字音を「東音」と称することがある．呉音・漢音という日本漢字音に見られるような複数の字音体系を持つことはなく，基本的には漢字一字には一つの音が対応している．ただ，中国語自体に複数の字音を持つ場合があり，また，歴史的変化の過程で，類推や慣用による音が派生した場合もあって，複数の漢字音を有する漢字もある．

　　　洞동・통　　金금・김

　韓国語と日本語の漢字音はともに中国語に由来するものであるから，両者には密接な関係が見られる．そこで，本稿では現代の韓国漢字音について伝統的な中国語音韻論に基づいて整理しつつ，日本漢字音との関係を考えてみることにする（中古音の再構音については〔　〕に，日本漢字音については〔　〕に適宜情報を示した．また，新字体のみを掲げた）．

17.2 声母

　中国音韻学では，頭子音を声（声母）と呼び，たとえば，k-は見母，m-は明母などと称する．『韻鏡』(10 世紀ごろ成立)に示された分類および通説に従って，現代の韓国漢字音を簡略に分類すると次の通りである．

17.2.1 牙音

　　見母〔k〕　ㄱ　高고 江강　【例外】該해 姫희 革혁

17.2 声母

渓母 [kʻ]　ㅋ　快쾌　　【例外】抗항 拡확 確확 泣읍
群母 [g]　ㄱ　共공 近근
疑母 [ŋ]　ㅇ　五오 危위　【例外】験험 虐학

◇日本漢字音のカ行音は，牙音では多くㄱに対応する．
◇日本漢字音のガ行音は多くㅇに対応する．

17.2.2 舌音
17.2.2.1 舌頭音

端母 [t]　ㄷ　都도 丹단 東동
透母 [tʻ]　ㅌ　土토 炭탄 統통
定母 [d]　ㄷ　大대 代대 団단　　〔呉音 d 漢音 t〕
泥母 [n]　ㄴ　内내 男남 能능 怒노　〔呉音 n 漢音 d〕

◇日本漢字音のタ行音は多くㄷに対応する．
◇日本漢字音のナ行音はㄴに対応する．

【例外】介音 y の類を含む場合（日本漢字音がチまたはテで始まる場合）は，ty-, thy- が c (y)-, ch (y)- に音韻変化した (17 世紀後半～18 世紀前半)．

　　端母　地지 鳥조 丁정 低저 底저 店점
　　透母　天천 庁청 聴청 鉄철
　　定母　第제 田전 定정 逓체（端母も）締체

17.2.2.2 舌上音（三等）

知母 [ȶ]　ス，ㅊ　知지 中중 哲철
徹母 [ȶʻ]　ㅊ　　恥치 値치 徹철 添첨
澄母 [ȡ]　ス，ㅊ　呈정 直직 稚치 治치　【例外】茶다（차とも）
娘母 [ɲ]　ㄴ　　女녀　〔呉 n 漢 d〕
　　　　　【例外】賃임 嬢양 醸양 匿익（닉とも）尼이（리とも）

17.2.3 唇音

幇母 [p]　ㅂ，ㅍ　博박 分분 八팔 包포
滂母 [pʻ]　ㅂ，ㅍ　普보 芳방 判판 片편
並母 [b]　ㅂ，ㅍ　白백 便편・변 平평 捕포
明母 [m]　ㅁ　　文문 無무 幕막　〔呉音 m 漢音 b〕

◇日本漢字音のマ行音はㅁに対応する.

　牙音・歯音では次清が有気音,清と濁が無気音になるのが一般的であるが,唇音でもその傾向はあるものの,例外が相当に多い.たとえば,ㅍの漢字音を見ると声母は次の通りである.

　　（幇母）把・波　　（滂母）派・破　　（並母）婆・罷

幇母・滂母・並母いずれの字も有気音であって,他方,無気音のㅂの漢字音をもつものはない.このような偏りは,すでに河野（1968）に指摘のあるように,音節による偏りとして捉えたほうがわかりやすい.いずれか一方になるのは次の音節である.

　　（無気音）　박 방 백 벽 별 본 볼 범 번 빈 빙
　　（有気音）　파 판 폐 표 품 풍 필 핍

他方,次のような音節では無気/有気の頭子音が対をなしている（数字は『三省堂五十音引き漢和辞典』の索引に掲載されている文字数である）.

　　반11　발4　배11　변4　병8　보 7　복8　비16
　　판 5　팔1　패 3　편5　평3　포12　폭3　피6

　その分布は複雑である反面,中古音の声母に基づくのではなく,形声符からの類推によって偏った分布をなしていることも多い.

　　비　　比批 非悲扉 秘泌 卑碑 妃肥飛費 備鼻沸
　　피　　皮彼披疲被 避
　　병　　丙病柄 瓶倂塀 並兵
　　평　　平評坪
　　보　　普譜 歩保補宝報
　　포　　布怖 捕浦舗 包抱泡胞砲飽 褒

有気音は,피では形声符「皮」に,평では形声符「平」に,포では形声符「布」「甫」（ただし,「補」は幇母による）「包」に偏っているようである.

17.2.4　歯音
17.2.4.1　歯頭音

　　精母［ts］　ㅈ　子자 進진 左좌 済제
　　　　　　　　【例外】借차 薦천 総총 則즉 (즉とも)
　　清母［tsʻ］　ㅊ　七칠 浸침 寢침 撮촬 請청

　　　　　　　　　　17.2　声　　母

　　　　【例外】操조 刺자（척とも）
　従母 [dz]　　ス　剤제 罪죄 族족　　　【例外】晴청 泉천 層층
　心母 [s]　　　ス　四사 細세 新신 箱상　【例外】燥조 肖초
　邪母 [z]　　　ス　続속 像상 詳상

17.2.4.2　正歯音（章系/荘系で示す）
　章母 [tɕ]　　ス　支지 指지 振진　【例外】針침 沼소 昭소
　/荘母 [tʃ]　　え　債채 責책 札찰　【例外】詐사
　昌母 [tɕʻ]　　え　歯치
　/初母 [tʃʻ]　　え　差차 策책 察찰　【例外】挿삽
　船母 [dʑ]　　ス　乗승
　/崇母 [dʐ]　　ス　士사 愁수 巣소 床상 事사（莊母も）
　　　　　　　　　【例外】助조　状장（書状の意）・상（状態の意）
　書母 [ɕ]　　　ス　詩시 深심 商상
　/生母 [ʃ]　　　ス　師사 殺살（쇄とも）山산
　　　　　　　　　【例外】縮축 双쌍（濃音）
　禅母 [ʑ]　　　ス　市시 渉섭 上상　【例外】氏씨（濃音）
（注）いわゆる「濃音」の系列は漢字音には現れないが，例外もある．ほか
　　　に「喫끽」などがある．

17.2.5　喉　音
　影母 [ʔ]　　○　音음 衣의 愛애　【例外】欧구 殴구 湾만
　暁母 [x]　　ㅎ　海해 呼호 希희　【例外】耗모
　匣母 [ɣ]　　ㅎ　後후 河하 夏하
　　　　　　　　　【例外】茎경　暇가　校교 系계（合口）完완　緩완
　云母 [vj]　○　雨우 右우 栄영　【例外】彙휘
　以母 [j]　　○　以이 陽양 容용
◇日本漢字音のア行音は○に対応する．
◇日本漢字音のヤ行音は○に対応する．

17.2.6　半舌音・半歯音
　来母 [l]　　　ㄴ（語頭）　　　　　冷냉 論논

　　　　　　ㅇ（母音 i，半母音 y の前）　李이　柳유
　　　　　　ㄹ（語中）　　　　　　　　　五里오리
　日母［r̺］　ㅇ　人인　日일　然연　〔呉音ニ・ネ　漢音ジ・ゼ〕
◇日本漢字音のラ行は多くㄴに対応する．
◇日本漢字音で呉音ナ行・漢音ザ行である場合，ㅇに対応する．

17.3　韻　　母

　中国音韻学では，声（頭子音）を除く，母音および声調を含めた部分を韻と呼ぶ．中古音の韻母はかなり複雑な構造を有しているため，大まかに十六摂に分類することがある．中古音の韻母を外転（日本漢字音で「ア」「エ」）と内転（「イ」「ウ」「オ」）の2種の韻腹，入声韻尾と鼻音韻尾をまとめて6種とした韻尾によって分けた摂は次の通りである．

	ϕ	-i	-u	-m / -p	-n / -t	-ŋ / -k	
外転	果	仮	蟹	效	咸	山	宕　梗　江
内転	遇	止		流	深	臻	曾　　通

それぞれの摂は『広韻』の韻目では次のものである（平声で代表させて示す）．
　　果摂：歌戈　　仮摂：麻　　　　　　遇摂：模魚虞
　　蟹摂：哈泰灰皆佳夬齊祭廢　　　　　止摂：支脂之微
　　效摂：豪肴宵蕭　　　　　　　　　　流摂：侯尤幽
　　咸摂：覃談咸銜鹽添嚴凡　　　　　　深摂：侵
　　山摂：寒桓刪山仙先元　　　　　　　臻摂：痕魂眞欣臻諄文
　　宕摂：唐陽　梗摂：庚耕清青　江摂：江　　曾摂：登蒸　通摂：東冬鍾

- 中国音韻学および十六摂に基づき，代表的な韻ごとにまとめて記し，それに対応する現代の韓国漢字音の代表的な韻を漢字の前に掲げる（入声字も必要に応じて鼻音韻尾とともに示した）．
- 韻尾の鼻音および入声の -p, -k は中古音のまま保存されている．
　　［例］-p 十십　　-k 百백　　-m 金금　　-ŋ 東동
　　ただし，中古音の -t は -l になる．　［例］一일　八팔

- c(y)-, ch(y)-に音韻変化した ty-, thy-は，以下では舌音として扱う．

17.3.1　副母音がなく，イ・ウが主母音でない場合
● 果摂
　　歌韻　　[ɑ]　　ㅏ　　多다 歌가 何하 沙사 【例外】左좌 箇개
　　戈韻　　[uɑ]　　ㅘ　　過과 火화 座좌 (舌唇) 堕타 波파
● 仮摂
　　麻韻　　[a]　　ㅏ　　(2等) 馬마 雅아 詐사 下하
　　　　　　　　　　　　　(3等) 者자 捨사
　　　　　　　　　　　　　(4等) 謝邪写사 【例外】野야
　　麻韻合　[ua]　　ㅘ　　誇과 花化화
　　◇日本漢字音で主母音がアであるものは，主母音ㅏに対応する．
　　◇合口は介音ㅗとなる．
● 遇摂
　　模韻　[o]　　ㅗ　　五오 暮모 都도 路로 【例外】妬투 墓묘
　　虞韻　[ʏuŏ]　　ㅜ　　(2等) 数수
　　　　　　　　　　　　(3等) 遇우 区구 朱柱住주 父부 【例外】乳유
　　　　　　　　　　　　(4等) 須수 裕유 (以母) 【例外】取취
　　魚韻　[ɪe]　　ㅕ　　女녀 【例外】徐叙서 除제 予예 (以母)
　　　　　(牙喉)　ㅓ　　魚어 許허 書서 【例外】野야
　　　　　(荘系)　ㅗ　　所소 初초 助조
　　◇日本漢字音の主母音オは，主母音ㅗに対応する (模韻)．
　　◇日本漢字音の主母音ウは，主母音ㅜに対応する (虞韻)．
　　◇日本漢字音の母音イョは，牙喉音で主母音ㅓに対応する (魚韻)．

17.3.2　イがつく場合
● 蟹摂
　　○咍韻開　　[ʌi]　　ㅐ　　開개 代대 在재
　　　泰韻開　　[ɑi]　　ㅐ　　太대 貝패 害해 【例外】頼뢰
　　○皆韻開　　[ɐi]　　ㅐ　　皆개 排배 埋매 【例外】界戒械계
　　　佳韻開　　[aɪ]　　ㅐ　　買매 売매 債채

第17章 漢　字　音

```
　　夬韻開　　［ai］　　　　ㅐ　　敗패
○灰韻合　　［uʌi］　　　ㅚ　　回회 罪죄
　　　　　　　【例外】（去声）内내 隊대 砕쇄 背配배
　　泰韻合　　［uɑi］　　　ㅚ　　最최 外외
○皆韻合　　［uɐi］　　　ㅚ　　怪괴 壊괴 懐회
　　佳韻合　　［uaI］　　　ㅚ　　拐괴 【例外】画화（획とも）
　　夬韻合　　［uai］　　　ㅙ　　快쾌 【例外】話화
○祭韻A開　［iεi］　　　ㅖ　　例례 藝예（云母）弊폐 【例外】制제
　　齊韻開　　［εi］　　　　ㅖ　　計계 礼례 【例外】第제 西서 米미
○祭韻B開　［ɪεi］　　　ㅖ　　掲게
　　廃韻開　　［ɪʌi］　　　ㅖ　　廃폐
○祭韻A合　［yεi］　　　ㅖ　　税세 歳세
　　齊韻合　　［uεi］　　　ㅖ　　桂계 慧혜
○祭韻B合　［ɣεi］　　　ㅟ　　衛위
```

◇日本漢字音の字音仮名遣いで合拗音ワイ（回クヮイの類）はㅚに，それ以外の母音アイは，ㅐに対応する（夬韻を除く咍韻・泰韻・皆韻・佳韻）。

◇日本漢字音の母音エイは多くㅖに対応する（合口を除く祭韻・斉韻・廃韻）。

●止摂

```
○支韻A開　［iĕ］　　　　ㅣ　　紙知지 卑비 離리 【例外】児아（章系）
　　（精系・荘系）　　　　ㅏ　　紫자 賜사
　　脂韻A開　［i］　　　　ㅣ　　視시 地지 比비
　　（精系・荘系）　　　　ㅏ　　私死四사 自자 次차 師사
　　之韻A開　［ɪɘɪ］　（舌・章系）ㅣ　　詩時시 治치
　　　　　　　（精系・荘系）　　ㅏ　　子자 寺사 使사 事士사
○支韻B開　［ɪĕ］　　　　ㅢ　　宜義의 【例外】奇技기 彼被피
　　脂韻B開　［ɪi］　　　ㅣ　　器肌기 悲備비 美미
　　之韻開　　［ɪɘɪ］　（牙喉）ㅣ　　疑의 姫희 【例外】記起기
　　微韻開　　［ɪɘɪ］　（牙唇）ㅣ　　機気기 非비 未미
　　　　　　　　　　　（喉）　ㅢ　　希희 衣依의
○支韻A合　［yĕ］　　　ㅠ　　規규 【例外】（歯音）垂随수 炊吹취
　　脂韻A合　［yi］　　　ㅠ　　類류
```

　　　　　　　　　　　【例外】季계（歯音）水수　追추　酔취
○支韻B合　[γĕ]　　 ㅟ　　偽危위
　脂韻B合　[γi]　　 ㅟ　　位위　【例外】衰쇠
　微韻B合　[γəi]　　ㅟ　　鬼帰귀　違위
◇日本漢字音の合拗音ウキ（クキ）はㅟに対応する．

17.3.3 ウがつく場合
●效摂
○豪韻　　[ɑu]　　ㅗ　　高고　刀倒到도　報보　草초　労로
　肴韻　　[ɑn]　　ㅛ　　交교　効효　卯묘　【例外】包포　巣소　抄초
○宵韻A　[iɛu]　　ㅛ　　療료　妙묘　要요　【例外】朝조　超초　少焼笑소
　蕭韻　　[ɛu]　　ㅛ　　寮료　暁효　　　　【例外】鳥조　跳도
　宵韻B　[ɪɐi]　　ㅛ　　矯교　表표　妖요
●流摂
　侯韻　[əu]　　　ㅜ　　部부　口구　頭두　走주（明母）母모
　尤韻［ɪŏu］　　 ㅜ　　不富우　右牛우　九久구　首受収秀수　昼抽周酒주　秋추
　　〔呉音ウ→漢音イウ〕【例外】臭취　休휴　有유　流留류（明母）謀모
　幽韻［iŏu］　　　ㅠ　　斜규　幼幽유
◇日本漢字音の主母音ウもしくは母音イユは，ㅜに対応する．
◇日本漢字音の字音仮名遣いで，母音エウ（宵韻・蕭韻）は，ㅛに対応する．

17.3.4 ン（ム）がつく場合
●山摂
○寒韻　　　[ɑn]　　안　　丁간　残잔　安안　半만
　山韻開　　[ɐn]　　안　　間간　山산　限한
　刪韻開　　[an]　　안　　顔안　板판
○桓韻　　　[uɑn]　（牙喉）완　　官관　換환
　　　　　　　　　　（舌歯）안　　短단　酸算산　卵란
　山韻合　　[uɐn]　　완　　幻환
　刪韻合　　[uan]　（牙喉）완　　慣관　還환
◇日本漢字音の母音アンは多く안（合口では완）に対応する．

第17章 漢　字　音

　○仙韻A開　[iɛn]　　연　面면 遣견 演연 然연
　　　　　　　　　　　【例外】（舌歯）展전 戦전 浅천 線선 善선
　　先韻開　　[ɛn]　　 연　辺변 見견 賢현 煙연
　　　　　　　　　　　【例外】（舌歯）前전 天천 先선
　○仙韻B開　[ɪɛn]　　언　件건 【例外】（唇）変弁변
　　元韻開　　[ɪʌn]　　언　建건 言언 献헌 煩繁번 【例外】反飯반 晩万만
　○仙韻A合　[yɛn]　　연　絹견 恋련 【例外】（舌歯）転全専전 船宣선
　　先韻合　　[uɛn]　　연　犬견 玄현 血혈
　○仙韻B合　[ɤɛn]　　원　券権권 員円원
　　元韻合　　[ɤʌn]　　원　勧권 元원 遠園원
●臻摂
　○痕韻　　　[ən]　　 은　根근 恩은 【例外】懇간 〔日本漢字音オン〕
　　魂韻　　　[uən]　　온　本본 困곤 村寸촌 論론 【例外】門문
　○真韻A　　[iĕn]　　 인　珍真津진 民민 神신 人印인
　　真韻B開　[ĭĕn]　　 인　貧빈 密밀 【例外】銀은
　　欣韻　　　[ɪŏn]　　（牙喉）은　近근 隠은
　　臻韻　　　[ɪĕn]　　（荘系）인　臻진
　○諄韻　　　[yĕn]　　운　均균 倫륜 【例外】春춘 順唇순 遵준
　○真韻B合　[yĕn]　　운　隕운
　　文韻　　　[ɤŏn]　　운　文문 分분 君郡군 雲運운
●咸摂
　○覃韻　[ʌm]・談韻 [am] 咸韻 [ɛm]・銜韻 [am]　암　〔日本漢字音アム〕
　　　　　　　　　　　　男남 三삼 岩암
　○塩韻A [iɛm]・添韻 [ɛm]　염　嫌혐 兼겸 〔日本漢字音エム〕
　　　　　　　　　　　【例外】店点점
　　塩韻B　[ɪɛm]　염　検검 験험
　　厳韻　[ɪam]・凡韻 [ɪʌm]　엄　厳엄 剣검 法법 【例外】乏핍
　　　　　　　　　　〔呉音オム　漢音エム・アム〕
●深摂〔日本漢字音イム〕
　　侵韻A [iĕu]　임　深甚심 沈침・심
　　侵韻B [ĭĕu]　음　禁今금 音飲음 急급 【例外】品품

17.3.5 ウ (ŋ) がつく場合

●宕摂
　○唐韻開 [ɑŋ]　앙　傍방 湯탕 倉창
　　陽韻開 [ɪɑŋ]　앙　方방 上相샹 長쟝 【例外】向향 両량
　○唐韻合 [uɑŋ]　앙　光広광 荒황
　　陽韻合 [ɣɑŋ]　앙　狂광 王往왕

●江摂
　　江韻 [ɔŋ]　앙　邦방 講강 降강・항

●曽摂
　　登韻開 [əŋ]　응　登等등 能능 増증
　　登韻合 [uəŋ]　옹　弘홍
　　蒸韻開 [ɪĕŋ・ɪə̆ŋ]　(牙喉)　응　凝응 興흥 陵릉
　　　　　　　　　　　(舌歯唇)　잉　徴징 称칭 氷빙 【例外】承勝乗승

●梗摂
　○庚韻2等開 [ɐŋ]　앵　猛맹 生생 行행 冷랭
　　耕韻開　　[ɛŋ]　앵　幸행 争쟁 【例外】耕경
　○庚韻2等合 [uɐŋ]　욍　横횡 【例外】鉱관
　　耕韻合　　[uɛŋ]　욍　宏굉
　○庚韻3等開 [ɪɐŋ]　영　京경 兵병 平평 英映영
　　庚韻3等合 [ɣɐŋ]　영　永영 兄형
　○清韻開　　[iɛŋ]　영　名명 軽경 令령
　　　　　　　　　　【例外】(舌歯) 清청 正情貞政정 成声성
　　青韻開　　[ɛŋ]　영　経경 並병 【例外】(舌歯) 定丁정 青청 星성
　○清韻合　　[yɛŋ]　영　傾경 営영
　　青韻合　　[uɛŋ]　영　蛍형
　◇呉音イャウ，漢音エイは，영 (舌歯音では엉) に対応する．

●通摂
　○東韻1等 [ŏuŋ]　옹　東동 空공 送송
　　冬韻　　[oŋ]　옹　統통 攻공 宗종
　○東韻3等 [ɪŏuŋ]　웅　宮궁 雄웅 中衆중 充충 風풍
　　　　　　【例外】終종 (明母) 夢몽 (来母) 隆륭

鍾韻　　［ɪoŋ］　　용　共恐공　濃농　用勇용　種종　奉封봉
【例外】重중　衝충（来母）龍룡

上記のように，韓国漢字音は日本漢字音に比べると，音韻における弁別素性がやや多いことから，その分複雑であるとともに，対応関係に例外も多いと言える．

[沖森卓也]

発展的課題

1. 次の日本漢字音の韻をもつ漢字の韓国漢字音の傾向を調べてみよう（C は任意の子音，N は撥音であることを示す）．
   (1) アン［CaN］　(2) イツ［Citsu］・イチ［Citʃi］　(3) エキ［Ceki］
   (4) エツ［Cetsu］　(5) オク［Coku］・ョク［Cyoku］　(6) オン［CoN］

2. 次のような韻に分類される漢字を手がかりに，韓国漢字音との比較を通して，日本語の呉音と漢音の関係について考えてみよう．
   (ア)　梗摂庚損および清韻（141 ページ参照）
   (イ)　山摂元韻（140 ページ参照）
   (ウ)　流摂侯韻（139 ページ参照）

【参考文献】
伊藤智ゆき（2007）『朝鮮漢字音研究　本文編』汲古書院
伊藤智ゆき（2007）『朝鮮漢字音研究　資料編』汲古書院
沖森卓也（2004）『三省堂五十音引き漢和辞典』三省堂
河野六郎（1968）『朝鮮漢字音の研究』天理時報社（『河野六郎著作集 2』1979　平凡社）

18 韓国人の身体言語

　人間のコミュニケーションにおいて，言語によるばかりでなく，「身振り手振り」などの非言語による部分も多くの割合を占める．仕草などの「身体言語」は言語行動を補ったり，強調したり，または代用したりする機能を持つ．
　「人差し指を唇に当てる」動作は「静かに！」という意味として，また，「握手」は相手に対してのあいさつや，親愛の情，喜びの気持ちを表す表現として世界中どこに行っても通用するだろう．
　ただし，「身体言語」の多くは，万国共通のものではなく，その国の文化の影響を多かれ少なかれ受けるもので，外国人には理解しにくいものも多い．たとえば，手のひらを下に向け指を上下に動かす仕草は，日本と韓国などでは人を呼ぶときに使うが，欧米ではその逆で，「さようなら」の意味合いを持つ．

18.1 韓国独自のもの

　「身体言語」の中には，日本では見られない韓国独自のものがある．その大半はコンテクストの中で理解できるであろうが，日本人が理解に苦しむこともあるかも知れない．

18.1.1 절 チョル

　韓国では，お正月や通過儀礼のとき，親や年上の親族，または知人に対してひざと手をついて上体をかがめる「절 チョル」というお辞儀をする．「절 チョル」の作法は男女で違い，男性は左手を右手の上に重ねて正座の姿勢をしたあと，両手をひざの前につきながら上半身をかがめ，両手に額がつくように上体を倒す．これは最高の礼である．
　他方，女性は男性と逆で，右手を上にして，左ひざをつきながら両手は額近くまで上げる．そのあと，右ひざもつけて上体を倒す．
　日本では，近年，日常生活でチョルにあたるものは見られない．しかし16世紀の記録では，ポルトガルからの宣教師であるルイス・フロイスが当時の世

相を以下のように記録している．「われわれが片膝を地につけて表す慇懃を，日本人は足と手と頭をほとんど地に付けてうつむきになることによって表す」（フロイス 2013）ここから，昔は日本でも韓国のチョルに似た動作が行われていたことがわかる．

18.1.2 地面を叩きながら痛哭

韓国での悲しみの表現は日本と違い，泣き崩れ，全身で表現する．特に，中年の女性は葬式や事故死した家族の知らせに接したときなど，地べたに座り込み，地面を両手で叩きながら大声を出して嗚咽する．ただし，男性や若い女性には見られない仕草である．

18.1.3 삿대질 サッテジル

人に指をさす行為は失礼に値する．それは韓国でも同じである．さて，韓国では「삿대질 サッテジル」というのがあるが，これは人差し指を相手に向けて上下する仕草で，口げんかをしたり，相手を見くびって侮辱したり，注意したりするときに使う．ただ，指をさすということにとどまらず，怒りを表す仕草なので，韓国ではこの仕草によって，けんかが一気に激しくなる傾向がある．

18.2 日本と共通のもの

韓国で使われる「身体言語」の中には，日本と共通のものも多い．中には植民地時代，日本から入ったものと思われるものもあるが，その起源が特定しにくいものも多い．

18.2.1 数を数える

数を数えるとき，指の折り方は欧米では「グー」からスタートし，親指，人差し指の順に起こしながら数えるが，日本と韓国では「パー」の状態でスタートし，親指から順にたたんでいくのが一般的である．この数え方は国によって違う場合が多く，中国と陸続きの朝鮮半島はその数え方が中国と違うが，不思議なことに海を隔てている日本とは同じである．つまり，日本と韓国はいったん開いた五本の指を，親指から内向きに折りながら数え，6 から 10 までは折り畳んだ指を逆順で開いていく．

18.2.2　おかんむり

この仕草は両手の人差し指を立てて，手をコメカミにあてる．これは第三者が怒っているさまや，機嫌が悪いさまを表す仕草である．日本では「おかんむり」という表現を使うが，韓国では「뿔이 나다〈角が出る〉」という表現を使う．

この仕草で「怒っている」の意味をもつのは，日本と韓国においてだけである．これに次いで目を引くのは，メキシコ，フランス，オランダで「バカ」「悪魔」などのほかに「寝取られ男」の意味があるという点である（金山1983）．

18.3　日本独自のもの

日本独自の仕草もある．日本の仕草の多くは韓国に影響を及ばしているが，日本独自の文化に裏打ちされていて，韓国では通用しないものも多い．

18.3.1　手刀を切る

日本人は人が立っている狭い通路を通るときや，映画館などで人が座っている前を通り視界を遮るようなことがあるときは，手の指をぴったりとつけて前に突き出し，手を上下に振る．この仕草は申し訳なさを表現するものだが，日本独自のものとされ，韓国では使われていない．ちなみに韓国ではお詫びのことばを言うか，または無言で通る場合が多い．

18.3.2　しめ

日本では，レストランや居酒屋で飲食を終え，店員に向けて左と右の人差し指同士を×印に交差させると，勘定を頼むことになる．これは「しめる」という意味を表す国字の「〆（しめ）」を指で表す仕草からできたもので，日本独自のものであり，韓国をはじめ他の外国では通用しない．

ちなみに韓国では口頭で伝え，欧米では紙にサインをする仕草をしてお店の人に合図する．

18.3.3　まゆつばもの

もともと，眉に唾をつければキツネやタヌキに化かされないという俗信から生まれたもので，眉に唾をつける仕草をするが，これも韓国では通用しない．

また，他に日本独自の仕草では「左うちわ（左手で団扇をあおぐ仕草：悠々

自適に安楽に暮らすこと）」，「天狗（両手のコブシを重ねて鼻につける：鼻高々）」，「ほら話（口のあたりですぼめた手を前に突き出しながらぱっと開く）」，「万引し（人差し指を曲げる）」など，日本の独自のものも多く，韓国では通用しない場合も多々あるので，注意が必要である．

18.4　日本起源のもの

朝鮮半島は 1910 年から 1945 年まで植民地として日本の支配下にあり，この時期に多くの身体言語も伝わったと考えられる．次は日本起源のものと思われるもので，韓国でよく使われ，現在も生き続ける身体言語である．

18.4.1　小指を立てる

日本では小指は「女」を意味する．「コレ」と言いながら小指を立てると，(女性の)「恋人」「愛人」などの意味になる．これは韓国でも通用し，日本から入ったと考えられる．

ちなみに欧米の一部では，男性に向かって小指を立てると「めめしい男」という意味になり，侮辱と取られる．

18.4.2　デコピン

相手の額に向け，親指で押さえた中指か人差し指を弾いて攻撃する遊びの「デコピン」は，韓国では「꿀밤 ックルバム」と言われ広く行われてきた．この仕草も植民地時代に日本から入ったものと思われるが，韓国では日本における「ゲンコツ」も「꿀밤 ックルバム」と言われ，言葉においては区別しない．ただし，韓国語の「ゲンコツ」に当たる「꿀밤 ックルバム」はグーの握りこぶしの状態で，親指で中指の爪あたりを押さえるように少し突き出し，愛情を込めていたずら半分で行うことが多い．

18.4.3　万　歳

両手をあげながら「バンザイ」と叫ぶようになったのは，1889 年（明治 22 年）大日本帝国憲法発布の日に，青山練兵場での臨時観兵式に向かう明治天皇の馬車に向かって万歳三唱したのが最初だと言われる．

日本起源のこの仕草が，それから 30 年後の 1919 年，植民地支配下の朝鮮半島で起きた全国的な規模の対日独立運動において，「대한독립만세〈大韓独立万

歳〉」というスローガンとして叫ばれたのは歴史のアイロニーである．それ以降も今日まで，「만세〈万歳〉」は主に対日記念日である「3・1節（日本に対して独立運動が起こった日）」や「光復節（日本統治からの独立を祝う日）」などの記念式場で叫ばれている．

18.4.4　ジャンケン

ジャンケンが韓国で一般的に行われるようになったのは植民地時代であると考えられる．韓国で「ジャンケン」は「가위 바위 보 カウィ・バウィ・ボ」と言われるが，それはハサミ，岩，風呂敷の意味である．韓国では「チョキ」は，一昔前までは人差し指と親指を伸ばすチョキ（男チョキと呼ばれる）が多かったが，近年は人差し指と中指を使うチョキ（女チョキと呼ばれる）が増えている．

18.5　日本と似て非なるもの

韓国で使われる身体言語の仕草の中には，日本と似て非なるものがある．その起源は日本のものもあり，また，韓国独自と思われるものもあるが，いずれも特定しにくい．

18.5.1　自分を指す

日本では自分を指すとき，人差し指で鼻のあたりを指すが，韓国では手を伸ばして，手のひらを自分の胸に当てたり，2, 3回軽く叩いたりする．また，若い男性の場合は目下の人に対しては親指で胸を指したりすることもある．

18.5.2　この指とまれ

「この指とまれ」は遊びに誘う子が人差し指を上に突き出し，遊びに加わりたい子は最初の子の人差し指を握ってから，自分も人差し指を突き出す．

　植民地時代に韓国に入ったと見られるこの遊びは，誘い掛ける言葉が「여기 여기 붙어라!〈ここに，ここにとまれ！〉」に変わり，突き出す指は人指し指から親指に変わった．日本と同じく，近年は外遊びも少なくなり，この遊びは形骸化している感じも否めないが，広告などに使われている．

18.5.3　アカンベとメーロン

韓国では，日本の「あかんべえ」と同じく，子どもが相手をからかうときに「메롱 メーロン」と言いながら舌を出す仕草をする．ただし，韓国の「메롱 メーロン」は，相手に向かって下まぶたを指で引き下げることはしない．

18.5.4　저요! 저요! チョヨ！チョヨ！

授業などで自分が答える意思があることを表すとき，片手を頭の上に伸ばす．日本では手の形がパーであるが，韓国ではパーもあれば，グーの場合も多い．また，韓国では「저요! 저요! チョヨ！チョヨ！〈私です〉」(「私を指してください」の意）と口頭でもアピールする．

18.6　新しくできたもの

身体言語の仕草は従来使われているものばかりでなく，新しく作られるものもある．これも言葉と同じく流行り廃りがあり，若い人同士で一気に流行ったり消えていったりする．ここでは韓国で近年流行しているものをいくつか紹介する．

18.6.1　뿌잉뿌잉 ップインップイン

日本では「てへぺろ」といって，若い女性がドジをしたときにかわいく愛嬌を振りまく仕草が人気のようだが，韓国にもこれと似た「뿌잉뿌잉 ップインップイン」というものがある．

「ップインップイン」というのは両手のこぶしを頬に当ててすりすりする仕草で，かわいい子ぶって愛嬌を振舞くときに使う．もともとは韓国のあるドラマから流行り出したもので，芸能人などが使い出してから，いまや若い女の子の間にも広まるようになった．

18.6.2　손부채 ソンブチェ

韓国語で「손부채 ソンブチェ」というのは，団扇のことであったが，近年は手であおぐ仕草も指す．

開いた口の前で，片手であおぐ．これは世界に広範囲に普及しているようで，「相手に料理や飲み物がとても熱いか辛いということを示す」（モリス 2000）

とあるが，韓国ではおもに辛い物を食べたときの仕草として使う．

また，近年，韓国では照れくさいとき，手で顔をあおぎ，火照った顔を冷やすような真似をする．

18.6.3　指切りげんまん

「指切りげんまん」は植民地時代に入った日本起源のものと思われる．従来は日本と同じく①指を切るだけだったが，近年は小指を絡めた後，②お互いの親指を押し合い（ハンコを押す），③それから手のひらと手のひらをくっつけて自分側に引く（コピーを取る），また約束の書類を汚さないようにするために，④手の甲同士でこすり合う（コーティングする）仕草をする．さらに①と②の間に人差し指でサインの真似をする（サインをする）こともある．

日本から入ってきた「指切りげんまん」は，どんどんバージョンアップしつつある．

18.6.4　사랑의 권총 愛の拳銃

「愛の拳銃」はグーの状態から親指と人指し指を伸ばして，人差し指を相手に向けてから拳銃を撃つ仕草をする．これは「投げキッス」と同じように，若い人同士で使われる相手に対する愛情表現の一種である．　　　　［曺喜澈］

発展的課題

1. 韓国固有の「身体言語」にはどんなものがあるか．
2. 日本起源の「身体言語」で，韓国に入っているものにはどんなものがあるか．

【参考文献】
金山宣夫（1983）『世界 20 か国ノンバーバル事典』p. 85，研究社出版
ルイス・フロイス著，岡田章雄訳注（2013）『ヨーロッパ文化と日本文化』p. 30，岩波文庫
Hamiru-aqui（2004）『70 Japanese Gestures』IBC パブリッシング
デズモンド・モリス著，東山安子訳（2000）『ボディートーク世界の身振り辞典』三省堂
조현용（2004）『한국인의 신체언어』소통

索　引

ア行

愛の拳銃　149
アスペクト　27, 33, 63
アスペクト・テンス体系　63

意義素　114
イ形容詞　35
位相　109
依存名詞　73
一義　111
一人称　1
一般/特殊の関係　112
意図否定　69
意味役割　17
意味領域　109
韻　136
イントネーション　42
韻母　136
陰母音　117

受身　30
　　持ち主の――　53
受身形　52
受身表現　51

遠称　2

オノマトペ　116

カ行

階層関係　112
会話　24
格式体　89
格助詞　17
過去時制　60
語り　24
学校文法　67
活用　9
仮定節　70

漢音　132
関係　23
冠形詞　72
冠形詞形　73
韓国漢字音　132
感情形容詞　37
間接受身　52
完全反復形式　118
勧誘　79
慣用句　124, 127
関与受動　53

聞き手　83
基準時　63
擬声・擬態副詞　67
擬声語　116
擬態語　116
客体　110
客体敬語　83, 87
旧情報　24
共起関係　75
共通関係　112
近称　2

敬意　2, 3
敬語　2, 83
敬語形　85
敬語形式　85
敬語体系　83
敬語表現　86
敬語法　83
係助詞　17
形容詞　35
　　――の活用　11
形容詞連体形　68
形容動詞　35
現在時制　61
謙譲語　83
謙譲表現　88
現場指示　4

語彙的複合動詞　30
交替形　85
肯定の「行為要求」　78
肯否　27
呉音　132
語感　109, 117
語基　117
語基式　15
呼称　99
「こ・そ・あ・ど」の体系　8
ことわざ　124

サ行

再帰代名詞　2, 7
サッテジル　144
三人称　1, 4

自意性　69
子音交替　117
子音語幹　10
使役　30
使役形　56
使役表現　55
指示　1, 4
指示冠形詞　73
指示機能　8
指示語　1
　　――の体系　2
指示詞　1
指示代名詞　1, 4
指示表現　8
指示副詞　67-69
指称　99
自称　1
時制　59
指定詞の活用　13
ジャンケン　147
終助詞　42, 48
主体　110
主体敬語　83, 84

索　引　　　　　　　　　　　　　　　*151*

受動表現　51
上位・下位の関係　112
上位者　84
照応　4
上下関係　84, 89, 112
畳語　73
助詞　17
叙述格助詞　13
叙法　42
叙法副詞　69-71
　　確信　71
　　仮定　70
　　強調　70
　　疑惑　70
　　推定　71
　　転換　71
　　否定　71
　　敷衍　70
　　理由　70
自立語　30
自立性　29, 30
新情報　24
親族語彙　99
親族呼称　99
　　——の虚構的用法　106
親族名称　99
身体言語　143

随意的共起　75
数冠形詞　73

声　132
性状副詞　67, 69
成分副詞　67, 69
声母　132
揀　136
接辞形　51, 55, 56
接続語尾　32
接続詞　67
接続副詞　69, 72
　　因果　72
　　逆接　72
　　順接　72
　　選択　72
絶対敬語　84, 86

接尾辞　73
せる/させる　56

相対敬語　86
阻害音性　120
属性形容詞　37
素材　83
素材敬語　83
尊敬語　83
存在詞　38
　　——の活用　13
ソンブチェ　148

タ行

態　51
対義語　114
待遇　89
待遇表現　2
待遇法　14
対抗　23
対者　83
対者敬語　83, 89
対称　1
代名詞　1, 68
対面　23
多義　111
多義/一義の関係　111
他称　1
単一格助詞　17
単一動詞　26
単純過去　61
断定保留　44
談話構成　55

中称　2
直示　4
直接受身　52
チョル　143
陳述副詞　70

ックルバム　146
ップインップイン　148

「〜てある」形　64
定称　2

程度副詞　68
丁寧　27
丁寧語　83
テンス　27, 59
転成副詞　68
伝統式　15
等位関係　114
同意関係　108
同意語　108
同位語関係　114
東音　132
等価関係　109
同義関係　108
同義語　108
統語的複合動詞　30-32
動詞　26
　　——の活用　10
　　——の使い分け　28
動詞基本形　73
動詞語幹　27, 73
特殊助詞　17
取り立て助詞　17, 23

ナ行

内外関係　86
内容　23
ナ形容詞　35

日韓同形異義語　91
二人称　1
ニュアンス　109
人称代名詞　1, 2, 4

能力否定　69
のだ　48
「のだ」文　49

ハ行

排除受動　53
派生接尾辞　73
派生副詞　68, 73
働きかけ　56
反意語　114
反義語　114
ハングル専用法　91

152   索　　　引

万歳　146
反射代名詞　2, 7
反照代名詞　2, 7
反対語　114
反復形式　118
反復語　73

非格式体　89
美化語　83
必須的共起　75
否定形　69
否定の「行為要求」　79
否定の助動詞　69
否定副詞　67, 69, 71
人代名詞　1, 2
非反復形式　118
品詞分類　9

不可能性　69
複合格助詞　17, 20-23
複合動詞　29
複合副詞　72
副詞　32, 67
　　時の——　68
　　——の共起関係　76
副詞形　68
副助詞　17
付属語　30
不定称　1, 5
不定表現　5
部分全体関係　112
部分反復形式　118
文章副詞　67, 69
文体　42
文法カテゴリー　27
文脈指示　4, 5

ボイス　27, 51
母音交替　116
母音語幹　10
母音調和　117
包含関係　112
包摂関係　111

補助形容詞　40

マ行

身内　86
未来時制　62

命題　27, 42
メーロン　148

もくろみ　33
モダリティ　27, 42
　行為の——　43, 46, 49
　　意志・勧誘　43, 47
　　勧誘　47
　　義務　46
　　禁止　47
　　忠告　47
　　当為・選択　43, 46, 47
　　命令　47
　　命令・依頼　43, 48
　対事的——　26
　対人的——　26
　認識の——　43, 49
　　詠嘆　48
　　確言・断定　43, 44
　　確認　48
　　推量・伝聞　43-45
　　注意喚起　48

ヤ行

やりもらい　33

指切りげんまん　149

用言　9
様相副詞　69, 70
様態　42
様態副詞　69, 70
陽母音　117

ラ行

略体丁寧形　14
隣接関係　113

類義関係　108
類義語　108
類似関係　108

れる/られる　52
連結語尾　70
連体格助詞　19, 21
連体形　21, 73
連体詞　3, 72, 73
連体修飾　19, 21
連用形　29, 32

ワ行

話者　83
話題　23, 24
　　——の人物　83

ハングル

게 하다形　55, 56

당하다形　52
되다形　51

ㄹ語幹　10

받다形　51

시키다形　55, 57

지다形　51

하게体　15
하게体　89
하오体　15, 89
합니다体　89
합쇼体　15
해体　15, 89
해라体　15, 89
해요体　15, 89

編著者略歴

沖森卓也
- 1952年　三重県に生まれる
- 1977年　東京大学大学院人文科学研究科
　　　　　国語国文学専門課程修士課程修了
- 現　在　立教大学文学部教授
　　　　　博士（文学）

曺喜澈
- 1953年　韓国に生まれる
- 1992年　中央大学大学院文学研究科
　　　　　博士後期課程単位取得退学
- 現　在　東海大学外国語教育センター教授
　　　　　文学修士

日本語ライブラリー
韓国語と日本語　　　　　　　　　定価はカバーに表示

2014年9月20日　初版第1刷
2016年2月15日　　　　第2刷

編著者　沖　森　卓　也
　　　　曺　　喜　　澈
発行者　朝　倉　邦　造
発行所　株式会社　朝　倉　書　店
　　　　東京都新宿区新小川町6-29
　　　　郵便番号　162-8707
　　　　電　話　03(3260)0141
　　　　FAX　03(3260)0180
　　　　http://www.asakura.co.jp

〈検印省略〉

Ⓒ 2014〈無断複写・転載を禁ず〉　　　印刷・製本　東国文化

ISBN 978-4-254-51612-8　C 3381　　　Printed in Korea

JCOPY　〈(社)出版者著作権管理機構 委託出版物〉

本書の無断複写は著作権法上での例外を除き禁じられています。複写される場合は、そのつど事前に、(社)出版者著作権管理機構（電話 03-3513-6969、FAX 03-3513-6979、e-mail: info@jcopy.or.jp）の許諾を得てください。

早大 蒲谷　宏編著
日本語ライブラリー
敬語コミュニケーション
51521-3　C3381　　　　A 5 判 180頁 本体2500円

敬語を使って表現し，使われた敬語を理解するための教科書。敬語の仕組みを平易に解説する。敬語の役割や表現者の位置付けなど，コミュニケーションの全体を的確に把握し，様々な状況に対応した実戦的な例題・演習問題を豊富に収録した。

立教大 沖森卓也編著　成城大 陳　力衛・東大 肥爪周二・
白百合女大 山本真吾著
日本語ライブラリー
日 本 語 史 概 説
51522-0　C3381　　　　A 5 判 208頁 本体2600円

日本語の歴史をテーマごとに上代から現代まで概説。わかりやすい大型図表，年表，資料写真を豊富に収録し，これ1冊で十分に学べる読み応えあるテキスト。〔内容〕総説／音韻史／文字史／語彙史／文法史／文体史／待遇表現史／位相史など

立教大 沖森卓也編著　拓殖大 阿久津智・東大 井島正博・
東洋大 木村　一・慶大 木村義之・早大 笹原宏之著
日本語ライブラリー
日 本 語 概 説
51523-7　C3381　　　　A 5 判 176頁 本体2300円

日本語学のさまざまな基礎的テーマを，見開き単位で豊富な図表を交え，やさしく簡潔に解説し，体系的にまとめたテキスト。【内容】言語とその働き／日本語の歴史／音韻・音声／文字・表記／語彙／文法／待遇表現・位相／文章・文体／研究

奈良大 真田信治編著
日本語ライブラリー
方　　言　　学
51524-4　C3381　　　　A 5 判 228頁 本体3500円

方言の基礎的知識を概説し，各地の方言を全般的にカバーしつつ，特に若者の方言運用についても詳述した。〔内容〕概論／各地方言の実態／（北海道・東北，中部，関西，中国四国，九州，沖縄）／社会と方言／方言研究の方法

早大 細川英雄・早大 舘岡洋子・早大 小林ミナ編著
日本語ライブラリー
プロセスで学ぶ レポート・ライティング
――アイデアから完成まで――
51525-1　C3381　　　　A 5 判 200頁 本体2800円

学生・社会人がレポートや報告書を作成するための手引きとなるテキスト。ディスカッションによりレポートのブラッシュアップを行っていく過程を示す【体験編】，その実例を具体的にわかりやすく解説し，理解をする【執筆編】の二部構成。

立教大 沖森卓也編著　白百合女大 山本真吾・
玉川大 永井悦子著
日本語ライブラリー
古 典 文 法 の 基 礎
51526-8　C3381　　　　A 5 判 160頁 本体2300円

古典文法を初歩から学ぶためのテキスト。解説にはわかりやすい用例を示し，練習問題を設けた。より深く学ぶため，文法の時代的変遷や特殊な用例の解説も収録。〔内容〕総説／用言／体言／副用言／助動詞／助詞／敬語／特殊な構造の文

早大 蒲谷　宏・早大 細川英雄著
日本語ライブラリー
日 本 語 教 育 学 序 説
51527-5　C3381　　　　A 5 判 152頁 本体2600円

日本語教育をコミュニケーションの観点からやさしく解説する。日本語を教えるひと，研究するひとのための，日本語教育の未来へ向けたメッセージ。〔内容〕日本語・日本語教育とは何か／日本語教育の実践・研究／日本語教育と日本語教育学

立教大 沖森卓也編著　東洋大 木村　一・日大 鈴木功眞・
大妻女大 吉田光浩著
日本語ライブラリー
語　と　語　彙
51528-2　C3381　　　　A 5 判 192頁 本体2700円

日本語の語（ことば）を学問的に探究するための入門テキスト。〔内容〕語の構造と分類／さまざまな語彙（使用語彙・語彙調査・数詞・身体語彙ほか）／ことばの歴史（語源・造語・語種ほか）／ことばと社会（方言・集団語・敬語ほか）

立教大 沖森卓也編著
名大 齋藤文俊・白百合女大 山本真吾著
日本語ライブラリー
漢 文 資 料 を 読 む
51529-9　C3381　　　　A 5 判 160頁 本体2700円

日本語・日本文学・日本史学に必須の，漢籍・日本の漢文資料の読み方を初歩から解説する。〔内容〕訓読方／修辞／漢字音／漢籍を読む／日本の漢詩文／史書／説話／日記・書簡／古記録／近世漢文／近代漢文／和刻本／ヲコト点／助字／ほか

立教大 沖森卓也・立教大 蘇　紅編著
日本語ライブラリー
中 国 語 と 日 本 語
51611-1　C3381　　　　A 5 判 160頁 本体2600円

日本語と中国語を比較対照し，特徴を探る。〔内容〕代名詞／動詞・形容詞／数量詞／主語・述語／アスペクトとテンス／態／比較文／モダリティー／共起／敬語／日中同形語／親族語彙／諸声／擬音語・擬態語／ことわざ・慣用句／漢字の数

上記価格（税別）は 2016 年 1 月現在